백두산

002
그들이 본 우리
Korean Heritage Books

백두산으로 가는 길

영국군 장교의 백두산 등정기

알프레드 에드워드 존 캐번디시 지음
조행복 옮김

살림

서구의 시선으로 본 근대한국

세계에서 차지하는 한국의 위상이 과거에 비해서 현저히 높아졌고, 문화 교류도 활발해지는 시대입니다. 지구를 하나로 묶는 세계화가 진행되면서 민족 간의 경쟁도 더 치열해지는 한편으로 상호 소통과 이해의 필요성도 커져가고 있습니다. 동시에 우리와 타자 사이의 경계가 희미해지고 정체성의 위기도 더 절박한 느낌으로 다가오고 있습니다. 이런 때일수록 세계 속에서 우리가 누구인지, 타자의 시선에 비친 우리의 모습은 무엇인지 되물어보는 것이 중요해진다 하겠습니다.

이번에 발간하는 '그들이 본 우리 총서 Korean Heritage Books'는 이 시대에 꼭 필요한 일 중의 하나가 이 되물음이라는 인식에서 기획되었습니다. 이 총서에는 서양인이 우리를 인식하고 표현하기 시작한

16세기부터 20세기 중엽까지 한국이 근대 국가로 형성되는 과정에서 그들이 묘사한 대로의 과거 우리를 확인할 수 있습니다. 그리고 그들의 서술이나 묘사를 통해서, 한국이 어떻게 세계에 비추어졌으며 어떻게 우리가 '한국인'으로 구성되어갔는지를 살펴볼 수 있습니다. 오늘의 우리가 형성되는 과정을 이해하는 데 이 자료들은 하나하나가 매우 귀중한 보고서들입니다.

이 총서를 통해 소개되는 도서는 한국문학번역원이 명지대-LG연암문고와 협력하여 이 문고에서 수집한 만여 점의 고서 및 문서, 사진 등에서 엄선한 100종으로 구성되어 있습니다. 한국문학번역원은 2005년 전문가들로 도서선정위원회를 구성하고 많은 논의를 거쳐 번역할 만한 가치가 있는 서양 고서들을 선별했습니다. 1995년 발족한 명지대-LG연암문고는 그동안 이 희귀본들을 수집 정리하는 데 많은 시간과 비용을 들였습니다. 이제 그 가운데 핵심적인 자료들이 번역 출간되어 일반인들에게 공개됨으로써, 우리 문화와 학문을 위해 훌륭한 자양분이 될 것으로 기대합니다.

한국문학번역원은 우리의 문화를 해외에 알리고 전파하는 것을 기본목적으로 하고 있는 기관입니다만, '우리'를 그들에게 제대로 알리기 위해서라도 '그들'이 본 '우리'를 점검해보는 일이 꼭 필요하다고 봅니다. 이 총서의 번역 출간을 계기로 한국문학번역원은 문화의 쌍방향적인 소통을 위해서 더욱 노력하고자 합니다.

이 총서 발간을 위해서 애써주신 명지학원 유영구 이사장님과 문고 관계자들, 선정에 참여하신 명지대 정성화 교수를 비롯한 여러 선생님들, 성실한 번역으로 도서의 가치를 높여주신 번역자 여러분들, 그리고 출판을 맡은 살림출판사에 감사의 말씀을 전합니다. 앞으로 이 총서가 관련 분야의 귀중한 자료로서만이 아니라 독자들의 재미있는 읽을거리로 자리 잡을 수 있기를 바랍니다.

2008년 3월

한국문학번역원장 윤지관

KOREA

AND THE

SACRED WHITE MOUNTAIN

BEING A BRIEF ACCOUNT OF A JOURNEY IN KOREA IN 1891

BY CAPTAIN A. E. J. CAVENDISH, F.R.G.S.

1ST ARGYLL AND SUTHERLAND HIGHLANDERS

TOGETHER WITH

AN ACCOUNT OF AN ASCENT OF THE WHITE MOUNTAIN

BY CAPTAIN H. E. GOOLD-ADAMS, R.A.

LONDON

GEORGE PHILIP & SON

1894

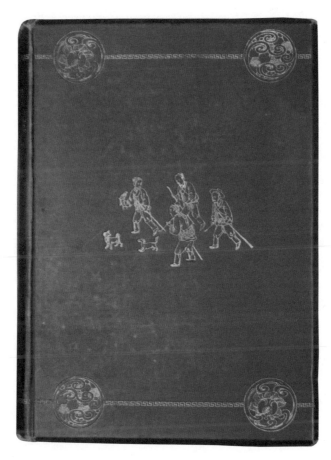

[KOREA AND THE SACRED WHITE MOUNTAIN 원서]

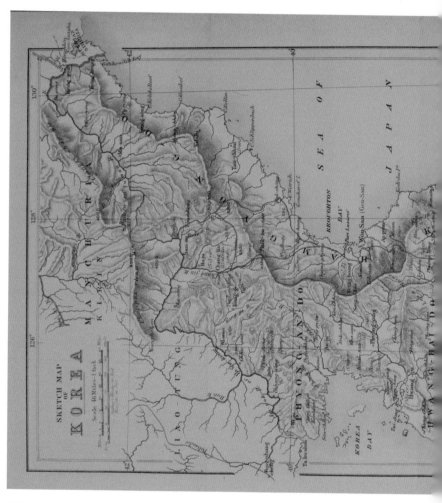

[조선 지도]

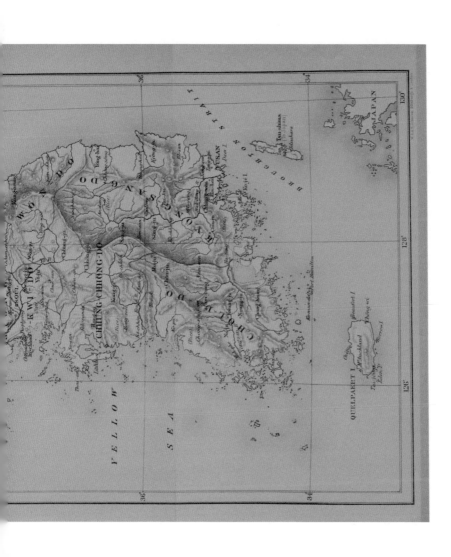

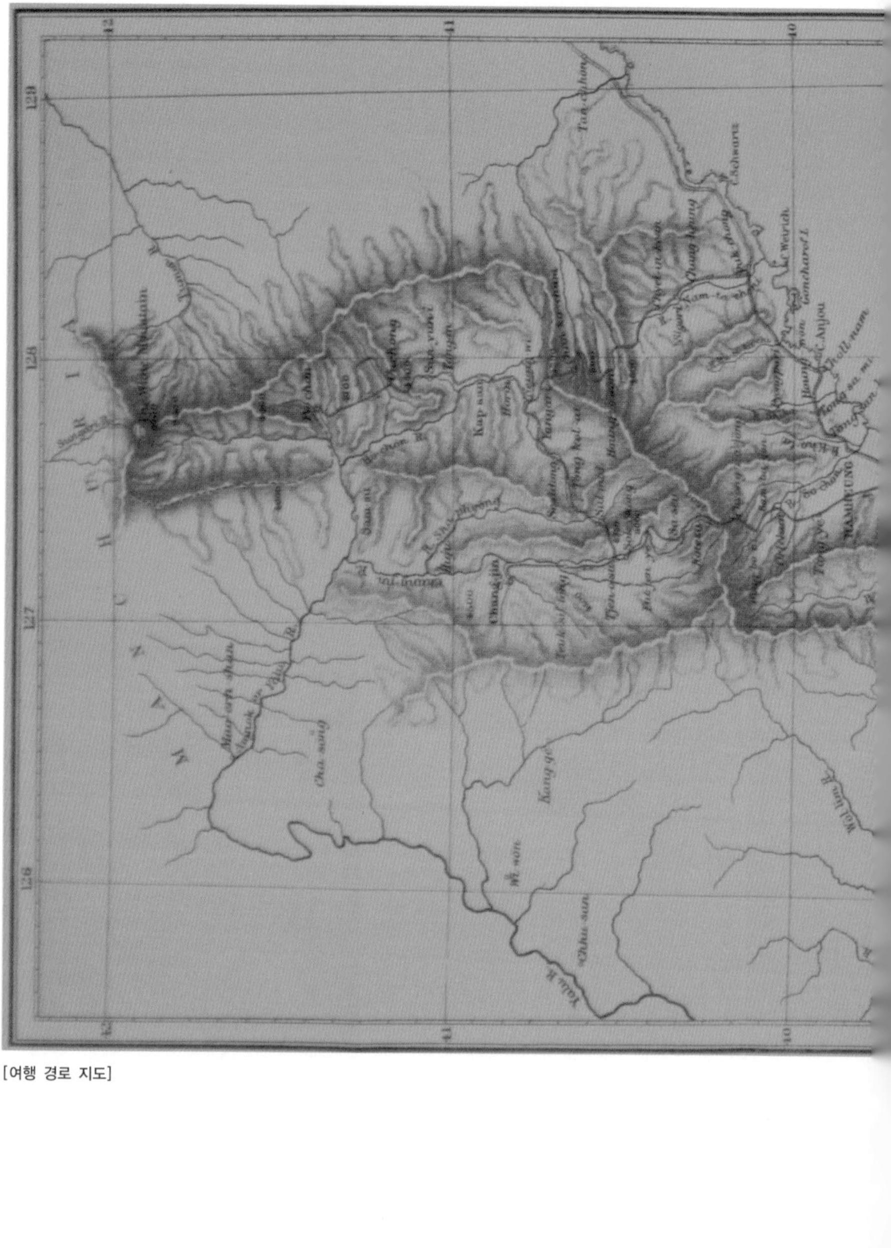
Yalu R.
Chhu san
Kang ge
Cha song
Mau orh shan
Tan-chhong
Wol lim R.

[여행 경로 지도]

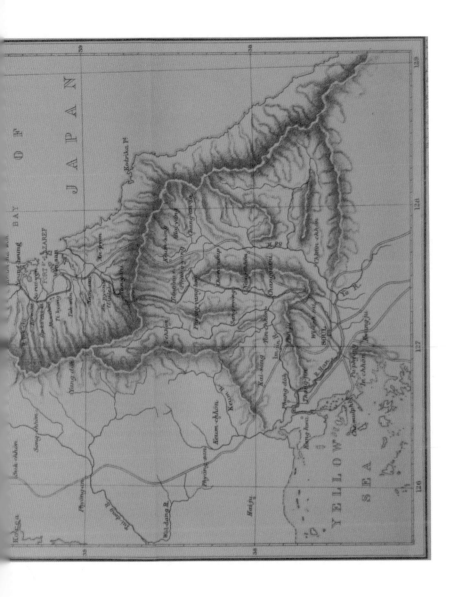

[옷감 짜기]

[관리의 행차]

[장가가는 신랑]

신부신랑초례홍단

[합환주를 올리는 신랑]

글방훈장 르치만

[서당의 소년들]

양노관불

[희극 공연]

[양반집 장례]

머리말

이 글은 1891년 조선에서 보낸 몇 주간의 여정에 대한 서술이다. 나는 이 서술에 문학적 가치가 있다고 주장하지 않으며 거의 알려지지 않은 이 나라를 상세히 설명하고 있다고 자처하지도 않는다. 이 이야기는 그저 그 시기에 내가 적은 일기를 부연 설명으로 늘인 것이다.

처음에는 포병대의 굿 애덤스 대위와 내가 공동으로 우리 여행기를 출간할 생각이었으나 굿 애덤스가 아직 극동에 있기 때문에 공동 작업은 포기했다. 그렇지만 8장은 굿 애덤스가 백두산에 오르는 과정을 짧게 설명한 것이다. 나는 그와 동행할 수 없었다. 이유는 책에서 언급했다. 불행히도 굿 애덤스의 지도와 그가 홀로 쓸쓸히 여행하면서 남긴 위치에 관한 기록은 그의 한 친구가 빌려갔다가 분실했다.

중국 영사관의 캠벨Campbell 씨에게 감사를 드린다. 캠벨 씨는 친절하게도 1889년에 백두산을 여행하면서 찍은 사진 몇 장을 우리가 사용할 수 있도록 허락했다. 또한 힐리어Hillier 씨와 브레이저Brazier 씨에게도 자신들의 사진을 쓸 수 있도록 해준 데 대해 감사를 드린다.

백두산 정상의 호수 사진은 굿 애덤스 대위가 찍은 세 장의 사진을 조합한 것이다. 코닥 필름으로 찍은 우리 사진은 필름에 결함이 있어 완전히 실패로 돌아갔으나 유일하게 이 사진만이 예외였다.

원주민의 사생화는 어느 조선 양반이 나를 위해 그려준 것으로, 조선의 예법과 관습에 관한 삽화로서 흥미로운 그림이라고 생각한다. 이 화가의 그림을 더 많이 싣지 못해 아쉽다.

우리는 조선과 중국 상하이 및 즈푸의 많은 외국인으로부터 지극한 친절과 환대를 받았다. 그러나 감사의 마음을 충분히 표현할 수 없었다.

조선에서 그 기이한 사람들과 야생의 풍광, 아름다운 날씨를 경험하며 시간을 보낸 일은 결코 후회하지 않을 것 같다. 우리가 감내해야 했던 작은 불편은 현대 문명에 거의 3000년이나 뒤처진 나라를 여행할 때에 불가피한 일이었다. 그리고 우리에게 있어서 이러한 불편은 관리들의 정중한 태도로 크게 줄어들었다.

A. E. J. 캐번디시   에든버러, 1893

차례

제 1 장
홍콩에서 서울까지

8월 28일 금요일, 우리는 15일 홍콩을 떠나 상하이로 향한 지 13일 만에 조선 수도의 해항海港 제물포에 도착했다. 우리는 상하이 클럽에 머물렀다가 23일 다시 배에 올랐다. 상히이는 극동의 자부심이자 여행객들이 휴식을 취할 수 있는 호화로운 항구이다. 우리는 상하이 클럽에 머무는 동안 요리사와 하인을 한 명씩 고용했다. 25일 이른 아침에 즈푸²에 도착한 우리는 그곳에서 기선汽船을 갈아타야 했다. 우리는 석재를 쌓아 만든 부두에서 오전 8시까지 짐의 하선을 마쳤다. 석탄 운반용 바지선들로 둘러싸인 부두 위에는 일꾼들이 홀랑 벗은 채 일하고 있었다. 벗고 일하기는 정크나 삼판선三板船[3]의 일꾼들도 대부분 마찬가지였다. 나와 굿 애덤스는 이 지역 저명인사인 도널리Donnelly 씨에게 보일 소개장을 지니고 있었고, 도널리 씨의 배려로 클럽 인근의 호텔에서 숙식하며 클럽을 이용할 수 있었다.

즈푸는 조선과 베이징, 톈진, 상하이로 가는 배들의 식수 보급 항구였는데 외국인이 이용할 수 있는 구역은 매우 좁았다. 식사를 제공하는 평범한 숙소 건물만 세 동 있을 뿐이지만 배가 맛있었고, 벌거벗은 어부 한두 명이 개의치 않는다면 수영하기에도 괜찮았다. 주요 수출품은 모자 제작용 짚단과 거름으로 쓸 콩깻묵이었다. 즈푸에 머무는 동안 우리는 도널리 씨 부부의 환대를 받았다. 도널리 씨 부부, 벨링턴Bellington 씨 부부와 함께 만 건너편의 요새를 구경했는데 그곳은 중국 정부에 고용된 독일인 슈넬Snell 장군이 25년 전에 축조한 것이다. 대포가 설치된 적이 없는 이 요새는 빠르게 폐허로 변해가고 있었다. 어쨌든 함포 사격을 막아 내기에는 역부족이었을 것이다. 즈푸의 멋진 광경은 성채가 축조된 언덕 맨 꼭대기에 있는 군관들의 식당에서 볼 수 있었다. 그 건물은 방치로 폐허가 되었다. 즈푸에는 500명의 중국인 병사들로 구성된 수비대가 주둔하고 있었다. 수비대의 훈련과 규율에 관해 알아볼 시간은 없었지만 복장과 군장을 얼핏 보건대 무기와 훈련, 의복에는 선사시대 관념과 근대적 관념이 기묘하게 뒤섞여 있었다.

텐진철도의 기술 감독인 벨링턴 씨는 우리에게 중국인과, 철도에 관한 중국인들의 터무니없는 생각에 대해 몇 가지 이야기를 해주었다. 철길에는 방책이 둘러쳐져 있지 않았으며, 사람들은 죽음을 무릅쓰고 철길을 가로질러 다녔다. 그래서 지역의 관리들은 기관차가 자신이 어디로 가는지 볼 수 있도록 기관차 엔진에 눈을 그려 넣어야 했다고 말했다. 올바른 항로를 찾기 위해서 정크선에도 눈을 그려 넣어야 했는데, 기관차 또한 왜 아니겠는가? 관리들은 완충기만으로 충분하다는 말을 듣고도 만족하지 않았고, 나귀에 사람을 태워 앞서 보내어 사람들에게 철길 밖으로 나가라고 경고해야 한다고 말했다. 이런 방법은 영국이나 유럽의 몇몇 철도에서는 큰 효과를 볼 수도 있다. 그러나 정규 속도가 시속 25마일인 이 짧은 철도에서도 가능할까! 한번은 충돌이 있었는데 많은 차량이 파괴되었다. 관리들은 잔해를 있던 자리에 고스란히 두고 잔해 더미를 비켜서 새로운 철길의 가설을 원했다. 당연한 일이지만 그들은 다음날 망가진 철길이 깨끗이 치워진 것을 보고 크게 놀랐다. 42톤이나 되는 기관차를 두 량이나 들어 올려야 하는 작업이었기 때문이다.[4]

우리를 즈푸에서 제물포까지 태우고 간 니혼유센(日本郵船)주식회사의 기선 스루가마루(駿河丸)호 선장 데브니시Devenish는 이 기선의 1등

항해사로 있을 때 익사 직전의 중국인 선원 몇 명을 구출한 적이 있었다. 그 중국 사람들은 (내 생각에 열세 명이었다) 즈푸에서 제물포로 가는 도중에 정크선이 전복되어 물에 빠진 것으로 보인다. 그들은 8일 동안이나 배 밑바닥을 붙들고 버틴 끝에 발견되었다. 중국인 선원들이 기선 위로 끌어올려졌을 때 제일 먼저 올라온 남자는 갑판 위에 발을 딛자마자 한 중국인 승객으로부터 담뱃대를 잡아채 가슴 속 깊이 몇 모금 빨아들였다. 자연에 오래 노출되어 입은 상처에서 회복된 그 남자와 동료들은 모두 즈푸로 돌려보내졌다. 그들은 정크선 외에도 200달러를 잃었다. 그 돈은 선창船倉의 궤짝 안에 들어 있어서 찾을 수가 없었다. 선원들이 소속된 상인조합은 데브니시에게 도움과 친절에 대한 답례로 주홍색 사각 기념패를 전달했다. 기념패에는 데브니시가 선원들을 구조한 일과 상인조합이 그의 자비로운 행동에 감사한다는 이야기를 금자金字로 새겨 넣었다.

우리가 제물포에 상륙해 영국 부영사 커 씨[5]를 방문했을 때는 만조여서 상륙하기에 어려움이 없었다. 날씨는 매우 더웠다(화씨 88도). 우리는 마침 일본 기정汽艇 한 척이 다음날 서울로 향한다는 말을 듣고 육로로 가지 않기로 결정했다. 비가 오는 때를 제외하면 길 상태는 괜찮지만 거리가 27마일이나 되기 때문이었다. 대신 우리는 상습적으로 좌초한다는 등의 끔찍한 소문이 나돌고 있음에도 일본 선박에 우리의

북서쪽에서 바라본 간조 때의 제물포.

몸과 짐을 맡기기로 했다. 우리는 전장 50피트 정도 크기의 기정에 짐을 옮겨 싣고, 커 씨와 점심을 하고 난 뒤 데브니시와 함께 주변을 산책했다. 도요새를 사냥할 짬은 되었지만 한 마리도 발견하지 못했다.

우리가 원주민들의 마을을 가로질러 돌아오는 도중에 감리서監理署의 감리를 겸한 인천 도호부都護府 부사府使의 행렬이 우리를 추월해 갔다.[6] 부사는 궤짝 비슷한 의자에 앉은 채 들려서 이동했으며, 앞뒤로 종자들이 수행했다.[7] 종자들 중 일부는 창으로 무장했고 몇 명은 나팔, 몇 명은 부채를 들었다. 대인이 지날 때 행인들에게는 정중한 태도가 요구되었다. 그의 '군졸' 한 명이 가끔 담배를 끄지 못한 남자에게 달려들어 담뱃대를 빼앗아 부러뜨려 내던지고는 부채로 담배 피던 자의 머리를 후려쳤다. 무척이나 우스웠다.

우리는 커 씨와 인천 해관海關의 세관리税關吏인 라포트 씨와 함께 식사를 한 뒤 스튜어트 호텔에서 그날 밤을 묵었다.[8] 객선에서 사환으로 일한 중국인 지배인이 이 호텔과 서울에 있는 호텔 및 상점에 스튜어트라는 이름을 붙였다.[9] 호텔은 매우 원시적이었으며 침대는 몹시 딱딱했지만 우리는 그곳에서 호텔을 찾을 수 있다는 사실과 호텔이 매우 깨끗하고 안락하다는 사실에 놀랐고 또한 매우 유쾌했다. 인천 도호부는 2급 행정구역으로서 행정장관인 부사는 제물포에서 5마일 떨어진 곳에 거주한다. 인천의 중국식 발음은 렌촨Jenchuan이고 일본어로 읽으면 진센Jinsen이다.

다음날 오전 7시 우리는 기정에 승선하는 데 성공했다. 그러나 기정은 한 시간이 지났는데도 출발하지 않았다. 출발 지연으로 조류를 놓쳐 연이어 문제가 발생했다. 간조 때의 제물포는 놀라운 광경을 연출한다. 조수 간만의 차이가 36피트에 이르기 때문에 항구에는 바닷물이 거의 없고 한가운데로 겨우 기선 한 척이 빙빙 돌아 들어올 만큼의 좁은 물길만 남아 있었다. 반면에 항구의 나머지 부분은 광대한 진흙 개펄이 된다. 작은 바위섬 단 하나만이 평평한 개펄을 뚫고 솟아올라 있었다.

오늘은 날씨가 무척 뜨거웠다(화씨 87도). 정크선과 삼판선에서 일하는 조선인과 일본인 노무자들이 즈푸에서 그런 것처럼 완전히 벌거 벗고 일할 만했다. 우리는 기정에서 대기하는 동안 전임 조선 주재 러 시아 대리공사 베베르[10]가 러시아로 돌아가느라 스루가마루호에 짐과 함께 승선하는 것을 보았다. 베베르의 후원으로 매우 훌륭한 대사관 이 서울의 좋은 장소에 건립되었다. 그에 비하면 조선 수도의 새로운 영국 총영사관은 무척이나 흉물스러웠다. 우리와 같이 배를 탄 승객 으로는 미국인 청년 선교사로 즈푸에서 우리와 함께 온 존스 '형제'[11], 제물포에 상점을 갖고 있는 독일인 슈타인벡[12]과 그의 하인, 약 쉰 명 의 일본인 남녀, 소수의 중국인과 조선인이 있었다. 조선인 중 한 명은 담배를 피웠고 끊임없이 가래침을 뱉어댔다. 이것은 조선인의 습관으 로 영국인이 보기에는 매우 짜증스러웠다. 중국인도 이 점에서 마찬 가지였다. 그러나 중국인은 실제로 인후에 이물이 있을 때에만 침을 뱉는다. 조선인은 역겨운 소리를 크게 내며 기침을 한 뒤에도 열에 아 홉은 아무 것도 내뱉지 않는다. 시간을 세었더니 이 특이한 양반은 우 리가 같이 기정에 동승해 있던 내내 평균 5분마다 여섯 번 기침을 했 다. 생각건대 스코틀랜드의 게으름뱅이가 아니라면 그렇게 자주 기침 을 해댈 사람은 없을 것이다.

8시가 지나자마자 배가 출발 했다. 우리는 연안을 따라서는 증기의 힘으로 서서히 전진했고, 한강을 올라갈 때는 조류를 탔다. 수도에 이르는 긴 여정 동안 조류의 힘을 느낄 수 있었다. 하상은 얕고 변화가 심했으며, 모래톱이 무수히 많은 데다가 썰물 때의 조류는 너무 빨라 항해가 매우 어려웠다. 강 유역을 에워싼 낮은 바위 구릉은 점차 수목이 없어지고 황량한 갈색 산들로 바뀌어 갔다. 강폭은 100~300야드였다. 한 쪽 강둑에 2~3마일마다 3~4피트 높이의 돌로 쌓은 성벽이 나타났다. 성벽은 수면 끝에서 언덕 꼭대기로 이어졌다. 침입에 대비한 방책이었다. 한편 돌출한 언덕마다 돌로 쌓은 작은 보루가 있었는데 성벽과 마찬가지로 무너진 상태였다. 오른쪽 강둑도 황폐해진 성벽으로 이어졌으며, 성벽은 군데군데 작은 마을이나 나루로 인해 끊어져 있었다. 이러한 요새들은 1592년에 일본이 침략한 이후 축조되었다.

정오에 배가 모래톱에 좌초했다. 우리는 15분 동안 꼼짝없이 잡혀 있다가 엔진을 한참 후진 구동한 끝에 가까스로 모래톱에서 벗어나 항해를 계속할 수 있었다. 그러나 조류가 썰물로 바뀐 오후 3시 30분쯤 배는 한 번 더 좌초했다. 이번에는 어떻게 해도 움직이지 않았다. 기정 책임자인 일본인들은 조선인 몇 명이 작은 배에 타고 강 하류로 정크선 한 척을 예인하는 것을 보고 구명정을 내려 타고 가서 그 배를 빼앗았다. 물론 배의 주인들과 장황하게 언쟁을 벌였고 그들을 대나무로 몇 차례 구타하기도 했다. 이기고 돌아온 일본인들은 기정을 가볍게 하려는 뜻에서 조선인 승객 몇 명을 그 배로 옮겨 태웠지만 기정에 화물을 너무 많이 실었기 때문에 이 노력은 쓸데없는 짓이 되고 말았다. 얼마간 시간이 지나자 기정의 책임자들은 우리에게 밤새 그곳에 머물러 있을 수밖에 없다고 말했다. 배 안에는 잠잘 만한 곳이 없었고 저녁밥도 먹어야 했으므로 우리는 매끄럽게 강을 거슬러 올라가는 조선인의 정크선에 태워달라고 요청했다. 그러나 우리가 그 배에 오르자마자 배의 주인은 조류가 너무 강해서 닻을 내려야 한다고 말했다. 우리는 선주의 말에 수긍할 수 없었다. 대신 우리가 배를 떠맡았다. 그렇지만 돛과 키는 너무 크고 다루기에 힘이 많이 들었기 때문에 우리가 배를 조종하기는 역부족이었다. 할 수 없이 우리는 돛을 맡고 키는 선장에게 맡겼다. 여기에서 '우리'는 굿 애덤스와 '존스 형제', 슈타인벡, 나, 슈타인벡의 하인, 세 명의 조선인을 말한다. 나머지 선원들은 실쭉거릴 뿐 아무 일도 하지 않았다. 게다가 조타수가 두 번이나 고의로 배를 떠내려가게 하는 통에 우리는 그만 노력을 포기하고 기정이 있는 곳으로 배가 떠내려가게 내버려두었다가 어렵게 기정에 다시 올랐다.

이 일이 있은 직후 정크선을 타고 지나가는 벌거벗은 일본인 두 명이 우리를 서울의 나루인 마포까지 데려다 주겠다고 했다. 우리는 (앞서 한 것처럼) 일본인들의 배로 옮겨 탔다. 항해는 한동안 순조로웠다. 오후 6시 30분이 되자 바람이 잦아들었으나 조류는 노를 젓기에는 너무 거셌다. 아니 차라리 완전한 역류였다.[13] 그래서 우리는 목적지까지 약 5마일을 남겨둔 채 밤새 정박해 있어야만 했다. 굿 애덤스와 나는 무척이나 배가 고팠다. 그날 우리가 먹은 음식이라고는 아침에 달걀 한 개와 점심에 샌드위치 몇 조각에다 맥주 한 병이 전부였다. 다행히 도 슈타인벡이 바구니에 빵과 적포도주, 브랜디를 조금 남겨놓았고 친절하게도 가진 것을 우리 네 사람과 나눠 먹었다. 일본인들은 우리 에게 차를 타 주고, 누울 수 있도록 배의 갑판에 돗자리도 깔아주며, 이슬을 피할 수 있게 활대 위에 돛을 펴서 천막을 만들어주는 등 매우 친절했다. 그리했는데도 우리는 매우 불편했다. 배는 최대한 깨끗하 게 청소가 되어 있었지만 화물로 실린 성냥과 말린 생선, 양배추에서 고약한 냄새가 났다. 조선인 한 명은 우리 옆에 정박해 있는 조선인 거 룻배로 옮겨 탔고, 나머지 두 명의 조선인은 배의 지붕 위에서 무명천 을 덮고 잠들었다. 다음날 아침 이슬에 젖어 창백한 얼굴로 몸을 벌벌 떠는 그들의 모습이 얼마나 불쌍하던지! 우리는 모두 대부분의 짐을 하인들과 함께 기정에 남겨두었지만 하나씩 들고 온 가방이 있어서 이것을 베개 대용으로 쓸 수 있었다. 그렇지만 거의 잠을 이루지 못했 다. 화물에서 나는 냄새가 지독했기 때문이다.

일요일 오전 4시에 일어나니 강에는 짙은 안개가 가득했다. 동이 트 기 전에 배를 출발시키도록 일본인들을 재촉하는 데에는 어려움이 많았다. 마침내 출발했지만, 일본인들은 반시간쯤 노를 저은 후에 배가 하류로 내려가고 있다고 단호하게 말했다. 그러나 우리는 나침반의 바늘이 동남쪽을 가리키는 한 제대로 가고 있는 것이 틀림없으며 간밤에 정박한 곳 근처의 벼랑을 다시 지나치지 않았다는 점을 일본어를 약간 할 줄 아는 슈타인벡의 요리사를 통해 한참 설명한 끝에 그들을 납득시켰다. 우리는 한두 차례 멈춰 닻을 내리고 서울이 어느 쪽에 있는지를 지나가는 조선의 거룻배에 묻거나 쪽배를 띄워 강가의 민가에 물었다. 그러나 조선인은 모두 거짓말만 했다. 어떤 이는 이쪽에 있다 하고 또 다른 이들은 완전히 다른 방향에 있다고 했다.

동이 터왔다. 새벽 6시 30분, 강기슭을 알아본 일본인들은 마침내 우리를 원래의 나루인 마포에서 2마일쯤 떨어진 양화도楊花渡[14]에 내려주었다. 우리는 각자 선원들에게 노고와 친절에 대한 보답으로 1달러씩 지불했다. 조선인들은 자신들의 풍습에 따라 한 푼도 주지 않았다. 우리는 짐을 나를 사람들을 구한 후 매우 비옥한 전원을 지나 6마일을 걸어 서울로 들어갔다. 길은 그런대로 괜찮았으나 비 오는 날씨에는 진창으로 변해 걸을 수 없게 될 것이 틀림없었다. 수도의 교외에 이르기까지 골짜기마다 아주까리와 벼, 콩, 옥수수, 고추, 기장, 담배, 수수 등이 자랐다. 우리는 서대문을 통해 서울에 입성했다. 서대문은 높이가 약 40피트 되는 건물이었으며 기와가 연이어진 지붕은 흔히 보듯이 곡선을 이루었고 관의 문양이 채색된 장식이 부착되어 있었다. 장식 못이 박힌 나무문의 높이가 12피트인 반면에 성벽 자체는 높이가 20피트, 두께가 12피트였다. '존스 형제'는 굿 애덤스와 나를 총영사 힐리어 씨[15]가 새로운 총영사관이 완공될 때까지 임시로 거주하는 집의 대문 앞으로 친절하게 안내했다. 이곳에 이르는 골목에서는 끔찍한 악취가 풍겼다. 감사하게도 우리는 오전 8시 30분에 안락한 거처에 도착했다. 힐리어 씨는 교회에 갔는데, 아침 식사 때에 맞춰 나타나 우리를 진심으로 환영했다. 우리는 몸단장을 한 뒤 힐리어 씨를 따라 영사관에 가서 부영사이자 열렬한 한국 연구자이며 한국어 사전의 저자인 스콧 씨[16]를 소개받았다. 이후 우리는 인천해관의 해관장인 쇠니케 씨[17]를 방문했으며, 이탈리아 영사도 방문했고[18] 그 자리에서 조선 군부의 고문관인 닌스테드 중령[19]도 만났다.

닌스테드 중령은 1889년 대위로 조선에 도착해 1890년 소령, 1891년 중령이 되었다. 닌스테드 중령은 우리에게 조선 군대에 관해 몇 가지 재미있는 사실을 전해주었다. 당연한 말이지만 중령은 자신의 정보를 최대한 부풀렸다. 힐리어 씨는 친절하게도 우리에게 서울에 머무는 동안 자신과 함께 지내자고 간곡히 권유했으며, 스콧 씨와 함께 우리의 원산 여정을 위해 통역자와 조랑말들을 구해주는 수고도 아끼지 않았다. 힐리어 씨는 우리에게 도시를 둘러볼 수 있도록 '군사'를 보냈다. 그러나 그 사람은 조선말밖에 할 수 없어서 우리는 여러 것을 보고도 아무런 감흥을 느끼지 못했다. 그 군사가 영어를 말할 줄 알았다면 우리는 큰 감명을 받았을 것이다.

거리는 좁고 꼬불꼬불했다. 길 양편에 나 있는 도랑에는 민가에서 나온 쓰레기와 하수가 버려져 있었다. 교차로 몇 곳에는 도랑이 아예 없었는데, 이러한 경우에는 도로 자체가 온갖 오물의 저장소가 되어 있었다. 이에 비해 궁궐로 이어진 거리는 폭이 60야드로 가장자리에 수비대의 병사兵舍가 둘러 있었고, 높이 솟은 대문으로 이어진 진입로는 깃발로 장식된 주랑으로 길이가 30야드, 폭이 20야드였다. 궁궐의 방문객들은 그 바깥쪽 끝에서 교자나 조랑말에서 내려 걸어 들어가야 했다. 근처에는 큰 종이 있어 1468년 이후로 통행제한, 통행금지 등의 시간을 알렸다. 도시의 성문은 저녁 6시에 닫혀 다음날 새벽까지 열리지 않았으며 저녁 8시부터 조선인이라면 누구도 출입할 수가 없었다. 순라군巡邏軍에게 발각되면 체포되어 태형에 처해졌다.

제 2 장
서울

서울은 이 나라와 경기도의 수도이다. 외국인들은 소울Sowl, 현지인들은 서울So-ŭl이라고 각각 발음한다. 근처의 한강에서 연유해 한양이라고 불리기도 한다. 서울에는 3만 호가 넘는 가옥이 있으며 주민 수는 약 25만 명, 성내 면적은 10평방마일이다. 서울은 파리가 프랑스의 심장인 것처럼 조선의 심장이다. 아니 그 이상일 수도 있다. 모든 조선 양반의 목표는 수도에서 사는 것이다. 그곳에서는 온갖 쾌락과 매춘에 더 쉽게 다가갈 수 있고, 약삭빠르게 상관들을 찾아다니며 아첨함으로써 좋은 직책을 얻을 기회가 더 많고, 최고급의 토산품과 외국 산물을 획득할 수 있기 때문이다. 서울은 관리의 부패와 '짜내기'의 원천이기도 하다. 양반 집안 출신들은 저마다 제 몫의 부정한 빵과 물고기를(유럽적인 의미의)[20] 챙기느라 여념이 없었다. 서울에는 임금이 거주하고 있다. 임금은 1만 개 섬의 주인이며, 하늘의 아들이고, 백성들의 아버지였다. 임금이 아무리 보잘것 없어도 서울의 모든 백성을 밝게 비추며 활기차게 하는 왕의 태양이 느껴진다. 관리들과 서울에서 태어난 사람들은 모두 시골생활을 경멸했는데 이 점은 매우 우스웠다. 이어 우리는 시골 출신 사람들이 서울 아닌 다른 곳에서 살아야만 하는 자신의 슬프고도 지루한 생활을 한탄하는 소리를 많이 들었다. 지방의 관직을 받아들이는 경우 그것은 단지 목적을 이루기 위한 수

남쪽으로 바라본 서울.

단, 다시 말해 조선의 수도에서 이러한 삶의 쾌락을 누리는 데 쓸 부를 축적하는 수단이었다.

서울 풍경의 가장 어두운 측면은 밀집되어 군락을 이루고 있는 오두막집들이다. 기본적인 위생시설도 전혀 갖추지 못한 그곳에서 사람들(과 벌레들)이 떼를 지어 살고 있었다. 비누와 물의 사용은 소수 양반 계급에만 국한되었다. 질병과 악습이 수백 년 동안 밀접한 연관 속에 공존했으며, 부정과 억압이 극에 이르렀고, 고문과 잔학한 행위가 지배했다. 이 사회 구성원 대다수는 사사로운 정치적 음모로 인해 삶의 조건을 향상시키거나 개선하는 데 방해를 받았다. 그러나 임금은 백성의 아버지이고, 아버지 자격으로 백성의 신체와 재산을 자신의 절대적 의지에 따라 좌우했다. 다행인지 불행인지 지금 임금은 오랜 난봉꾼의 혈통을 이어받은 결과 허약한 신체와 정신을 타고났으며, 이 때문에 강한 정신의 소유자인 왕비의 손에 놀아나는 꼭두각시에 불과했다. 왕비의 친척과 지지자들이 거의 모든 관직을 차지한 것이다. 왕비는 오직 한 명의 부인만, 다시 말해서 자신만을 용인했다. 임금이 궁궐의 다른 여인과 통정하다가 들키면 이 불쌍한 여인은 즉시 지위가 강등되어 외딴 곳에 격리되거나 갑작스럽고도 의심스러운 질병으로 죽었다.

나라의 세입은 국고로 들어가며, 의심할 바 없이 대부분이 절대군

[심문 중의 고문]

주의 사치와 변덕스러운 행위에 쓰인다. 중국 해관의 관리들이 관세를 관리한 이후로[21] 임금의 수입은 엄청나게 증가했지만 백성이나 나라의 사정이 물질적으로 개선되지는 않았다. 1890년 해관의 순수입은 50만 달러가 넘었다. 그러나 이 중 얼마가 국가의 발전에 쓰였을까? 임금의 사치와 만연한 부패의 사례들에 관해서는 이런 이야기면 족할 것이다. 궁궐 안에는 지름이 거의 100야드인 연못이 있다. 얼마 전에 임금이 이곳에서 즐기기 위해 큰 비용을 치르고 작은 기정 한 척을 수입했다. 그러나 임금이 한 번 사용하고 좋아하지 않아 기정은 아직도 그곳 물 위에서 썩어가고 있다. 근대적 사고에 어쩔 수 없이 보조를 맞추어야 하는 임금은 왕립병원을 개설했다. 외국인 의사가 이 병원을 방문했을 때 병원이 문을 연 아홉 달 동안 단 한 명의 환자도 없었던 반면에 서른두 명의 '주사主事(서기)'와 서른 명의 하인이 가족과 함께 구내에 거주하고 있는 것을 보았다.[22] 마찬가지로 진보적인 마음에서 왕립학교도 설립했고 외국인 교사도 고용했다.[23] 그러나 외국인 교사는 2년 동안 일한 후 자신이 더는 필요하지 않다는 말을 들어야 했다. 그가 없어도 원주민 교사들이 충분히 잘 가르칠 수 있었기 때문이었다. 그러자 문제가 발생했다. 해임된 교사는 어떻게 해야 하는가? 이 문제는 정부가 그에게 3년 간 아무런 일도 시키지 않은 채 두 배의 급여를 지급하는 것으로 해결되었다.

이곳의 어느 미국 병원은 담당 의사가 일시적으로 자리를 비운 동안 와일드 박사Dr. Wylde[24]가 책임을 맡았다. 이전에 영국군 의무병과에서 일한 와일드 박사는, 무지하고 의심이 많으나 고통 받고 있는 이 민족의 의료상의 욕구를 충족시키는 데 자발적으로 자신의 삶과 기술과 재산을 바쳤다. 와일드 박사가 극복해야 할 어려움의 한 가지는 환자들이 씻는 일에 반감을 갖는다는 점이었다. 들리는 말로는 조선인은 일생 동안 두 번 씻는다. 태어날 때 한 번, 죽을 때 한 번이다. 그러나 나는 아이들이나 성인이 개천에서 목욕하는 것을 본 적이 있다. 서울의 북적대는 주민들 사이에서는 풍기가 문란해 매독이 널리 퍼졌다. 천연두는 매년 엄청나게 많은 목숨을 앗아갔다. 이 때문에 중국처럼 예방접종을 실시했지만 유아사망률은 매우 높았다.

조선인은 비록 몸을 잘 씻지 않지만 의복을 깨끗하게 하는 일에는 각별했다. 옷은 더럽더라도 몸을 청결하게 유지하는 일본인의 방식과 정반대이다. 조선인은 흰 옷을 정성 들여 세탁히고 나무 방망이와 판을 사용해 번들번들 윤기가 날 때까지 두들겼다.[25] 남자들은 주로 의복과 담배에 돈을 썼다. 일상의 흔한 검정 모자의 값은 3~4달러이고 관리 모자는 20달러가 넘었다.[26] 무명천으로 만든 옷은 늘 세탁하고 두드리기 때문에 빨리 해졌다. 조선인은 거의 언제나 긴 담뱃대를 물고 다닌다. 담배물부리는 일반적으로 놋쇠이지만 비취로 만든 것도 있었

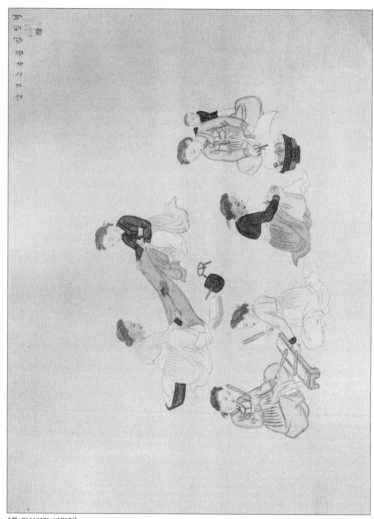

[풀 먹이기와 다림질]

[아마실 잣기]

다. 조선인 한 사람이 한 해에 피워 없애는 담배의 양은 틀림없이 엄청날 것이다.

우리는 무더운 날씨(화씨 87도)임에도 마포에서 오전 9시쯤 짐을 꾸렸고 잠시 업무를 보았다. 힐리어 씨는 우리를 위해 통역관인 '통사通詞'[27]를 구해 주었다. 어떤 이는 통사가 조선인이라고 했고 또 다른 사람은 중국인이라고 했다. 짐작컨대 중국인 병사 몇 명이 어린 그를 채용해 중국에 데려갔고 그가 그곳에서 중국어를 배운 것 같다. 내 생각에 그는 중국 주차총리駐箚總理 위안 씨[28]가 조선에서 나쁜 짓을 하고 다니는 중국인들을 잡기 위해 고용한 인물인 듯하다. 통사는 중국옷을 즐겨 입었고, 머리카락을 뒤로 길게 땋아 늘어뜨렸으며, 앞 머리털은 밀었다. 통사는 영어를 말하거나 이해하지 못했지만 매우 자발적이며 유용한 수행원이었다. 우리가 상하이에서 데려온 두 명의 중국인 하인은 완전히 무용지물이었으며, 목숨을 잃을까 두렵다고 말했으므로 우리는 그들을 영국으로 돌아가는 스콧 씨에 딸려 상하이로 돌려보내고 대신 다른 사람들을 고용하기로 결정했다. 오후에 슈타인벡의 하인을 만났는데 우리는 그 하인이 제물포에서 서울로 오는 동안 얼마나 유용한지 보았던 터라 요리사로 고용했다. 그는 요리에 뛰어난 재능을 보였을 뿐만 아니라 영어와 조선어, 일본어를 어느 정도 할 줄 알았다. 그는 제물포로 돌아가 슈타인벡의 집에서 자신의 옷가지를 가져와야 했으므로 9월 2일까지 돌아오기로 굳게 약속했다. 9월 2일은 시도 때도 없이 내리는 비가 계속되지만 않는다면 출발할 수 있을 것으로 기대하던 날이었다. 그러나 이 점에서 우리는 실망할 수밖에 없었다. 다음날 한 시에 비가 내렸고, 우리는 5일까지 날씨 때문에 발목이 잡혔다. 요리사는 비에 붙들려 있는 바람에 4일 저녁이 되어서야 자신의 짐을 갖고 나타났다. 그 동안 우리는 약간 불안했다. 요리사의 짐에는 범포로 만든 커다란 배낭, 큰 상자 한 개, 큰 모피 다발 하나, 우산, 일본도 한 자루, 겨울 신발 두 짝(웰링턴 반장화半長靴와 비슷하다), 오래되고 쭈그러진 밀짚모자가 있었다. 배낭에는 'W. R. Carles'[29]라는 글자가 새겨져 있었다. 우리 생각에 이 정도의 짐은 하인이 지니기에 과도한 양이었지만, 그 무게는 후에 더 늘어났다. 이날 밤 모기가 있었지만 밖에서 저녁을 먹었다. 식사 후에 스트리플링 씨[30]가 왔다. 스트리플링 씨의 경력은 다소 파란만장했는데, 지금은 금과 여타 광물의 시굴자로서 임금으로부터 부정기적으로 소정의 임금을 받으며 생활하고 있었다. 우리가 하인을 필요로 한다는 말을 들은 스트리플링 씨는 매우 친절하게도 자신이 데리고 있는 조선인 종자를 우리에게 소개했다. 그 소년은 스트리플링 씨와 함께 내륙을 많이 여행했으며 영어도 약간 할 줄 알았다. 그의 온전한 이름이 무엇이었는지는 잊었으나, 그는 우리 질문에 조선에서 4대 성의 하나인 윤[31]이라고 대답했다.

그의 나이는 스물다섯 살쯤 되어 보였다. 결국 우리는 그를 하인이자 통역자로 고용했다. 윤은 몇 가지 점에서 신중함이 모자랐지만 열심히 일해서 쓸모가 많았다.

힐리어 씨가 좋은 직책에 있는 덕분에 우리는 외무장관(민영소)[32]의 서한을 얻었다. 서한은 우리의 내지 여행을 허용한다는 것과 모든 관리에게 우리가 원할 때마다 조랑말과 숙소, 돈, 하인을 제공하라는 내용을 담고 있었다. 우리는 민영소에게 홍콩에 망명 중인 그의 동생 민영익의 편지를 보냈고,[33] 민영소는 우리에게 명함을 보내 답례했다.[34] 우리는 여기에서 만주로 가는 여권도 얻었다. 텐진과 뉴좡牛莊[35]의 영사들이 각각 보내왔다. 큰 부피의 문서였지만 결국 우리에게는 필요가 없었다. 우리는 붉은 색 종이 위에 한자로 쓴, 아니 차라리 그렸다고 해야 할 명함을 갖고 있었다. 굿 애덤스의 이름은 'Goot-a-dam'으로 제대로 쓰였지만, 내 이름은 'Ka-fan-di-issl'로 한 글자에는 철자가 너무 많았고, 세 글자는 바른 개수로 쓰였다. 또 다른 오류는 글자의 크기였다. 너무 작게 쓰여서 우리의 계급과 존엄을 손상시켰다.

월요일 아침에 우리는 신축된 총영사관을 방문했다. 총영사관은 극동의 영국 공관 건물에서 흔히 볼 수 있는 양식으로 설계되었다. 총영사의 관저는 약간 돌출된 언덕 위에 자리를 잡았으며, 방의 크기나 배치로 보아 내부는 안락했고, 비탈 아래 약간 떨어진 곳에 있는 사무실은 주랑과 잔디 테니스장을 가운데 두고 관저와 분리되었다. 열정적인 식물학자인 힐리어 씨는 작은 온실에 아름다운 식물들과 꽃들을 심어놓았고, 그대로 두고도 이용할 수 있는 땅을 자신의 취향에 맞게 정성들여 구획했다. 힐리어 씨의 과실나무들은 열매를 잘 맺었으며, 작년에는 딸기를 많이 수확했다. 조선 가옥 몇 채로 구성된 원래의 영사관 건물들은 새로운 건물들이 완공되자 철거되었고 그 터는 정원으로 바뀌었다. 영사관 구내 옆에는 멋진 소나무가 몇 그루 심어져 있는 큰 정원이 있었다. 왕비 소유인 이 정원을 영국 정부가 넘겨받으려 했지만, 왕비는 어떤 보상을 내걸어도 설득당하지 않았다. 조선인은 자연을 무척 좋아하고 풍경을 찬미했으며 걷는 데 능숙했다. 언제나 시간이 많아 보이던 조선인들은 종종 멋진 풍광이 있는 곳을 찾아다닌다. 동해 쪽의 금강산에는 최고로 멋진 곳이라는 이름을 지닌 여덟 곳의 명승지가 있는데, 매년 수백 명의 조선인들이 그곳을 찾는다.

우리는 영사관에서 우리가 빌리고자 한 조랑말들의 주인을 두 시간 반 동안 기다렸다. 마침내 조랑말의 주인이 왔으나 터무니없이 높은 사용료를 요구해 곧바로 내쫓았는데, 힐리어 씨가 자신의 통역관 '김 씨'에게 값을 낮출 수 없는지 알아보라고 말했다. 통역관의 노력은 헛되지 않았다. 다음날 통역관은 원산으로 우리를 데려가고 우리 짐을 날라다 줄 열 마리의 조랑말을 34달러에 얻는 데 성공했다. 우리는 조랑말 수행자, 즉 마부들의 일에 만족하면 1달러를 선물로 주기로 했다. 이렇게 우리는 계약을 매듭지은 뒤 배낭의 짐을 확인하고 통사에게 직접 시범을 보이고 천막 치는 법을 알려주면서 시간을 보냈다. 텐트는 가옥형으로 양쪽 출입구에 수직 버팀대가 있고, 마디가 있는 가로대가 하나 있으며, 양쪽 끝의 출입구에는 끈이 달려 있었다. 내부 면적은 길이 12.5피트, 너비 7.5피트이며 가로대는 지면에서 8피트 높이에 있었고 양 옆의 수직면은 3.5피트였다. 무게는 총 75파운드였다. 서울의 외국인 사회는 텐트에서 자겠다는 우리의 생각에 기겁을 했다. 그 사람들은 밤중에 호랑이가 나타나 우리를 물고 갈지도 모른다고 말했다. 그러나 우리는 날씨가 추워지기 전까지는 텐트에서 기거하기로 했다. 우리는 나중에 텐트가 지극히 유용하고 안락했음을 깨달았다. 조랑말 문제는 해결했지만 우리는 여전히 비의 포로였다. 그렇지만 이 시간을 짐을 다시 꾸리는 데 활용해 짐 한 꾸러미를 덜 수 있었다. 그런데도 짐은 여전히 많았다. 짐은 전부 33개로 다음과 같았다. 야전 침대 2, 텐트 1, 텐트 버팀목 꾸러미 1, 위스키 상자 3, 탄창 3, 비스킷 상자 1, 식량 상자 3, 매일 사용하기 위해 뚜껑에 경첩을 단 식량 상자 2, 소총집 3, 윈체스터 소총 2, 송달문서함 1, 화장품 주머니 1, 반합 1, 구급약 가방 1, 접는 의자 2, 침구 가방 1, 의류용 방수 가방 3, 방수 깔개와 담요 두루마리 1, 코닥 필름 1.

금요일 아침에도 여전히 소나기가 내렸지만 우리는 조랑말들을 일으켜서 타고 갈 짐승들을 검사하고 선택할 수 있었다. 굿 애덤스는 그중에서 좀 큰 회색 암말을 골랐다. 조랑말들은 끔찍하리만큼 등이 벗겨져 있었다. 단 한 마리만 예외였는데 나는 그 말을 골랐다. 조랑말들은 10.5~13핸드[36]로 다양했다. 대체로 11.5~12핸드로 매우 작았으며, 생김새와 색깔도 각양각색이었다. 성질이 고약했으며 탈것 치고는 매우 좋지 않았지만 짐을 나르는 데에 익숙해 걷기 쉬운 곳에서는 200파운드, 힘든 곳에서는 120파운드를 나를 수 있었다. 조랑말의 걷는 속도는 매우 느렸다. 몰아대면 꽤 좋은 길에서는 한 시간에 3~4마일을 갔지만 그렇지 않은 경우에는 2~2.5마일을 걸었다. 조랑말은 속보나 구보[37]에 관해서는 초보적 개념만을 지니고 있지만 염소나 고양이처럼 발 디딤이 안정되어 있었으며, 최악의 장소에서도 안전하게 짐을 운반했다. 오르막과 내리막이 반복되는 고개가 끝없이 이어져 도로는 미끄러웠고, 짐에 쓸려 지독한 상처가 생기는 일도 흔하게 발생했다. 그러나 조선인은 이 정도 상처쯤으로 조랑말을 쉬게 해주지 않았다. 이 점을 제외하면 주인들은 조랑말을 인정 있게 대했다. 조랑말을 거세하는 일은 전혀 없었으며, 번식도 관리하지 않았다. 그러나 때때로 잘 생긴 놈을 마주치기도 한다. 승용 조랑말은 발을 질질 끌며 걷는다면 한 시간에 4~5마일을 갈 수 있지만, 이것은 하급 역참의 역졸이나 내는 속도였다. 고위 관리의 경우에는 예법을 지켜야 했다. 누군가 말의 고삐를 쥐고 이끌어야 했으며, 또 많은 경우에 어느 한 편에서는 종자가 지체가 높은 자의 무릎을 지지해야 했다. 우리는 궁궐을 구경하고 있을 때 이러한 사례를 목격했다.

하루치 먹이는 약 2파운드의 콩과 기장으로 물에 삶아 뜨거울 때 통째로 구유에 쏟아 부었다. 1회분 여물의 평균량은 2갤런으로 하루 세 번 주었으며 추가로 2파운드의 짚(볏짚이나 기장 짚)을 썰어주었다. 조랑말에게 달리 물을 주는 일은 없었으며 조랑말이 따로 물을 원하는 것 같지도 않았다. 나는 조랑말이 언제나 짐을 나르는 목적에만 쓰인다고 생각하지 않는다. 좋은 조랑말의 값은 보통 약 5파운드, 즉 2만 냥 정도였다.

다른 운송 수단으로는 당나귀와 소, 짐꾼이 있었다. 나는 꽤나 빠른 속도로 걷고 있는 당나귀들을 본 적이 있다.(당나귀는 키가 10-11핸드이고 역시 짐 나르는 일에 쓰였다.) 그 당나귀들의 등에는 건장한 조선인이 큰 나무 안장에 앉아 있었다. 당나귀는 안장의 장식에 가려져 꼬리와 귀만 보였다. 황소와 때로는 암소도 짐 나르기에 이용된다. 소는 남부에서는 13~14.5핸드, 북부에서는 12~13핸드로 크기가 컸다. 어떤 녀석들은 단각종短角種으로 매우 잘 생겼으나 둔부가 야윈 경향이 있었다. 소가 나르는 짐의 무게는 산악지대에서 150파운드, 평지에서 250~300

파운드로 다양했다. 이동 시간은 한 시간에 약 2마일이었지만 조선인에게 시간은 그리 중요하지 않았으므로 이것은 상당히 빠른 속도였다. 우리는 소를 뒤따르거나 소 등에 올라 앉아 이곳저곳을 유람하는 원주민을 종종 마주쳤다. 그들은 하루 12마일의 행진에도 무척 만족하고 있었다. 소는 수확물을 옮길 때나 산에서 땔감을 나를 때 이용되었다. 이런 경우에는 조잡한 마차나 썰매를 매달았다. 황소의 값은 약 2파운드 15실링, 즉 1만 냥이었으나 2년 전에 소 전염병이 돌아 수천 마리가 죽는 통에 가격이 올랐다. 조선인은 쇠고기를 먹는 민족이며 게다가 일본과 시베리아로 가죽과 뿔, 거름용 뼈뿐만 아니라 살아 있는 소도 수출한다.(블라디보스토크는 연간 1만 마리를 수입한다.) 소 전염병이 나돌던 1890년에는 쇠가죽 615톤 14만 7463달러어치와 소뼈 660톤 6681달러어치가 수출되었다.

많은 교역품은 짐꾼들이 다음 그림과 같은 나무틀[38]로 등짐을 져 나른다. 새끼줄이나 가죽 끈이 b와 d에서 시작해 겨드랑이 밑을 지나 어깨 넘어 a와 c에 각각 연결된다. 이 방법은 가벼운 짐을 지는 데 쓰인다. 무거운 짐을 나를 때는 한 줄이 b에서 가슴 위를 지나 c로, 또 다른 줄은 d에서 a로 이어진다. 짐의 높이가 짚단이나 질그릇 다발처럼 높으면 끈은 a에서 짐꾼의 앞이마를 지나 c로 연결된다. 짐꾼은 한 쪽 끝이 두 갈래로 갈라진 작대기를 손에 들고 다니며, 휴식을 취할 때면 그

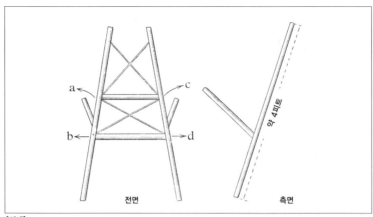

[지게]

작대기를 뒤쪽에서 b와 d의 가로장 밑에 받쳐 부담을 던다. 짐꾼이 짐을 완전히 내리려면 지게 다리가 땅에 닿을 때까지 허리를 굽힌 뒤 끈을 벗은 다음 작대기를 뒤쪽에서 b와 d의 가로장 밑에 받친다. 그러면 짐은 일종의 삼각대에 지탱된다.[39]

어릴 때부터 지게에 익숙한 일꾼들은 깜짝 놀랄 정도로 많은 짐을 운반한다. 나는 믿을 만한 사람으로부터 그들이 460파운드에 이르는 구리 주괴를 지고 몇 날 동안 상당한 거리를 이동한다는 이야기를 들었다. 그러나 내 판단으로 지게로 져 나를 수 있는 짐의 무게는 험한 지형에서는 100파운드, 평지에서는 250파운드였다. 짐이 무겁지 않은 경우 일꾼 한 사람이 하루에 이동할 수 있는 거리는 12마일이며 소는 10~15마일, 조랑말은 20~25마일을 이동할 수 있다. 조선인은 보따리 같은 작은 짐을 운반할 때면 그것을 등에 짊어진다. 그러면 허리가 무게를 최대한 지탱하게 된다. 조선인은 걷는 데 뛰어나다. 크게 힘들이지 않고도 하루 100리씩(약 33마일) 한 번에 몇 주 동안이나 걷는다. 언젠가 어느 하인은 겨울에 동해안의 원산에서 서울까지 175마일을 96시간에 주파했다.

우리는 서울에 있을 때 열렬한 스포츠맨이자 사진가인 이탈리아 영사, 앞에서 언급한 매우 마음에 드는 인물인 와일드 박사, 소설가의 조카로 노픽Norfolk의 목사보를 그만두고 영국의 조선 선교 주교인 코프 박사의 운명을 좇은 트롤로프 씨와 사귀었다.[40] 우리는 훌륭한 대의를 위해 사심 없이 헌신한 트롤로프를 칭송했으면서도 그가 자신을 위해 개척한 인생, 즉 좋은 교육을 받은 사람이자 완벽한 스포츠맨이라는 점을 생각하면 안타까웠다. 나는 닌스테드 대령을 여러 번 보았고 그에게 조선 군대에 관해 말했다. 당연한 이야기지만 닌스테드는 자신의 직업에 열정을 지녔고 그 때문에 아무것도 아닌 것을 최대한 과장하여 말하곤 했다.

엄밀히 말하면 조선에는 군대가 없다. 조선은 군대를 원하지도 않았으며, 근대적이고 서구적인 의미의 군대를 유지할 금전적 재원도 없었다. 수백 년 동안 중국과 일본 사이에서 분쟁의 씨앗이었던 조선은 두 나라 간의 경계심을 이용해 안전을 구했다. 조선은 비록 중국에 정복당했고 지금은 명목상 중국의 속국이지만 재정에 관한 한 실제적으로 독립국이다. 일본은 오랫동안 조선을 탐했으며, 실제로 몇 차례의 침략 끝에 조선을 몇 년 간 속국으로 삼기도 했다. 그러나 조선은 중국의 도움을 받아 오래 전에 그 멍에를 벗어던졌다. 조선의 두 이웃 나라는 모두 조선의 업무를 지도하면서 단물을 빨아먹는 데 열중했다. 개항장에서 관세를 징수하는 업무는 중국 해관 관리들이 관장하는 반면에 거의 전적으로 그 사회의 외국인만을 위해 존재하는 우편과 은행 업무는 일본이 통제했다. 조선이 왕국으로 존속할 가능성은 육군이나 해군의 자원이 아니라 지정학적 위치와 인접국들의 경계심에 달려 있었다. 실질적인 위험이 있다면 그것은 러시아와 인접한다는 사실이었으나 이 점에서도 조선의 안전은 보장되었다. 일본과 중국은 조선이 러시아의 수중에 떨어질 경우 자국의 주요 교역로를 빼앗길 수 있었기 때문에 조선이 적국 러시아에 병합되는 것을 막기 위해 연합할 필요가 있었다. 게다가 다른 열강도 러시아의 조선 획득을 차분하게 지켜볼 수 없었다. 그렇게 되면 자국의 교역을 비롯해 동양에 있는 식민지와 속령의 안전이 지속적으로 위협당할 것이기 때문이었다. 지금 블라디보스토크 항은 연중 4~5개월 동안 결빙으로 폐쇄되며, 시베리아 횡단철도는 완성되려면 아직 멀었다. 따라서 러시아가 설령 원산 같이 태평양으로 진출할 수 있는 좋은 출구를 확보하려는

목적으로 남쪽을 침략할 의도를 지녔더라도 우수리Ussuri 강 남부 유역
에서 조선과 그 잠재적 보호자들에게 맞서 출전할 정도로 강력해지려
면 몇 해 더 필요할 것이다.

시베리아 횡단철도는 1891년에 왕세자가 일부 구간을 성공리에 개
통시켰다. 그렇지만 개통식을 위해 부설한 구간조차도 다시 놓아야 하
는 상황에 이르게 될 것이 틀림없다. 병사들과 수형자들이 구간 작업에
투입되었고, 몇 곳에서는 약 1베르스타⁴¹ 길이의 철로가 건설되었다.
그러나 이들의 작업을 감독할 유능한 기술자는 없는 듯하며, 철도 건설
이 본격적으로 진행될 때 절삭切削과 성토盛土⁴²는 대부분 다시 해야만 할
것이다. 작업이 어떻게 수행되었는지 한 사례를 보자. 한 구간의 공사
를 담당한 어느 러시아인 계약자는 오데사Odessa에서 800명을 고용해
블라디보스토크로 보냈지만 자신은 그곳에 가지 않았고, 고용인들에
게 임금으로 지불할 돈도 송금하지 않았다. 블라디보스토크의 대리인
은 자신이 미리 지출한 비용을 벌충하기 위해 고용인들을 철도 건설에
투입했다. 그러나 고용인들은 임금을 받지 않고는 일을 못하겠다며 작
업 지시를 거부했다. 고용인들에게는 러시아로 돌아갈 돈이 없었고 대
리인에게는 그들에게 임금으로 지불할 돈이 없었기 때문에 고용인들
은 블라디보스토크 주민들의 비용으로 살아야만 했다.

조선은 이처럼 간섭에서 확실히 벗어나 있어서 정규 군대를 유지해

야 할 필요성을 절박하게 느끼지 못했다. 실상 조선에는 발전의 토대가 될 만한 약간의 병력이 존재했는데, 외국인 장교들이 어느 수준까지는 화기 교육을 시켰다. 그러나 이들은 대부분 단순히 지위에 덧붙여진 부속물일 뿐이었다. 이 밖에 의무복무제에 입각한 군제가 이론상으로 존재했다. 이 군제를 토대로 적절하게 지도하고 확대한다면 거대한 군이 만들어질 수도 있다. 그러나 실상 조선의 군관이나 군사의 복무는 순전히 지원에 의한 것이어서 군 복무는 지원자의 마음에 달려 있다.

꾸준히 조금씩 증가하고 있는 조선의 인구는 약 1400만 명이며, 이 중 약 100만 명이 전투연령 인구로 생각된다. 인구는 공무상 목적에서 가구 단위로 계산되었고, 한 지구의 가구 수에 따라 토지의 경작자와 소유자에게서 거두어들일 세입이 산정된다. 또한 중국 제도를 본받아 주택을 소유한 모든 가구는 소집이 있는 경우 건장한 남성 한 명을 군대에 보내야 한다. 극빈 지구에서는 두 가구당 한 가구가 한 명을 보내야 한다.

모든 관리는 (8명의 관찰사와 332명의 수령이 있었다.[43]) 자신의 지위에 따라 아전, 관인지기, '군사'와 같은 일정 수의 수행자를 두고 있었으며 부에 따라 종자 수를 늘릴 수가 있다. 그러나 군사 대다수는 전투가 아니라 순라와 전령, 세리 등의 업무를 수행했다. 요컨대 군사들은 수령 개인의 외적 상징으로서 지위와 중요성에 따라 수령으로부터 급여를 받거나 받아야만 한다. '군사'의 지위에 있다는 사실은 일종의 영예였으며 상당한 이점을 부여받았다. 우선 군사는 초라한 직책이기는 하지만 모든 조선인의 야망인 관직을 획득했다. 그리고 두 번째로 그 관직에 힘입어 '짜내기'를 실행할 기회를 얻었다. 다시 말해 갈취하고, 자신의 상관에게 용무가 있는 사람들로부터 뇌물을 받고, 상관의 업무에 편승해 여행할 권리를 얻고, 때로는 나랏돈으로 사사로이 여행했으며, 이 밖에도 직위를 이용해 온갖 부정한 수입을 올렸다. 이러한 이익은 일반 백성에게 허용되지 않았다. 동포를 희생시켜 비교적 편한 삶을 영위하는 것은 모든 사람의 삶의 목표였다. 전체 주민의 20퍼센트가 다른 사람의 노동으로 먹고사는 게으름뱅이들이라고 해도 전혀 과언이 아니다. 이 나라의 빈곤은 대체로 이러한 사실에서 연유한다. 이러한 목적에서 해마다 수천 명의 젊은이가 서울로 올라와 과거를 치렀다. 우수한 자질을 지녔는지 판단하는 이 시험에 합격하는 것은 고관 지망자에게 있어서 필수 조건이었다. 내가 듣기로 최종 시험은 중국의 고전으로부터 취한 일정한 과제를 두고 시작詩作을 하는 것이다. 판정관은 임금이다. 답안은 정해진 시간에 수거되며, 임금은 최고의 문장을 써낸 이들을 당선자로 선정한다.[44] 그러나 일반적으로는 돈을 가장 많이 제공하거나, 세력이 가장 강한 후보자들이 선정된다! 그러면 당선자는 낮은 품계의 관직이라도 얻을 때까지 상관에 아첨하고 아양을 떨어야 했으며, 그 이후로 만일 신중한 사람이거나 권력을 장악한 당파의 친척이나 그 일원이라면 돈을 모을 수 있는 중요한 관직에 오를 수도 있다.

군사 조직에 따르면 군대 업무는 정부의 6조 중 '병조兵曹'가 관장한다. 병조는 판서, 참판, 참의로 구성되었으며 이 세 사람이 임금의 어전회의에 참석했다. 그러나 군대를 관리하는 실제 업무는 다른 세 사람의 최고위 관리가 맡았다.[45] 각 도는 전통적으로 자체의 육군과 총사령관, 함대를 지녔다. 서울에는 육군과 2개 함대가 있었다.[46] 바다에 관한 업무는 명목상으로 병조판서의 지휘를 받아 좌, 우, 중앙의 장수들이 관장한다. 조선에는 지금 약 800톤의 수송선 두 척을 제외하면 함대는커녕 전선조차 존재하지 않는다. 해룡海龍과 창룡蒼龍이라고 불리는 수송선들은 북쪽의 개방되지 않은 항구들에서 개항장으로 물품을 운반하는 데 사용되었다.[47] 그러나 정부는 한강 하구의 보호를 위해 흘수 2피트에다 한 시간에 12노트 속력을 내는 선미 외륜外輪 기선을 한 척 조달하려고 한다. 이렇듯 이렇다할만한 군대가 없기 때문에 앞서 언급한 모든 관직은 비어 있거나 아니면 한직이었다.

실제로 수많은 전투 병력은 임금과 관찰사의 호위군으로 유지된다. 서울의 수비대와 '평양 군'이 그러하다.[48] 평양 군의 병력은 1200~1500

명 정도로 좋은 체격을 지닌 믿을 만한 남성으로 구성되었고, 이 나라의 방식대로 검과 소총으로 싸우는 방법을 훈련한다. 이 중 일부는 국가가 위험에 처할 경우 늘 서울로 파견된다. 오직 서울에서만 근대적이고 서구적인 군사 방식에 따라 훈련이 이루어진다.[49] 다른 곳에서 '전투'를 수행할 목적으로 모집한 '군사'는 활쏘기를 훈련받으며, 120야드 이내로 본다면 대부분이 매우 훌륭한 궁사이다. 수령이 다스리는 성과 읍에는 거의 예외 없이 활터가 있다. 예전에는 수령이 그곳에서 수시로 수하들을 연습시켰지만 지금은 그런 일이 매우 드물다. '군사'들은 이 나라나 중국에서 제작된 전장前裝 소총으로 무장했으며 이따금 표적을 놓고 실습한다.

각 도에는 '포수'가 있다. 포수들은 임금이 해마다 새 것으로 바꿔 주는 특별한 종류의 모자와 암청색 외투를 쓰고 입으며, 임금으로부터 돈과 화약과 탄알로 급여를 받는다. 대신에 사냥한 짐승의 가죽과 고기로 보답해야 한다. 식인호랑이가 극심한 피해를 줄 때면 임금은 때때로 여러 지역의 포수들에게 그 괴수를 잡을 토벌대에 합류하라는 명령을 내린다. 포수들은 호랑이와 마주치기를 꺼렸지만 명령에 따를 수밖에 없고, 일반적으로 두세 명은 그 야수를 처치하기 전에 죽임을 당한다. 포수들은 전쟁에 소집될 수도 있으며, 전투가 벌어지면 정면에서 적의 공격에 맞설 자로 선정된다. 그런데 북쪽 2개 도 출신자는 삶의 조건이 상대적으로 덜 가혹한 남쪽 도 출신자보다 곤경과 피로에 더 잘 단련되어 있으며 체격도 더 좋기 때문에 선호도가 높다.

국가의 모든 권력은 사실상 임금에게 막대한 영향력을 행사하는 왕비의 가까운 친척으로 민씨閔氏 가문 출신인 영의정에 귀속되어 있다. 조선은 1882년에야 외국에 개방되었고, '외교 고문관'으로서 미국인인 르젠드르 장군[50]이 임금에게 외교정책 문제에 관해 조언하고 있다. 르젠드르는 미국에서 조선의 공채를 모집하기 위해 열심히 노력했으나, 지금까지 르젠드르와 왕실의 그의 제자는 채권 인수에 충분한 담보를 제공할 수 없었다. 임금에게는 또한 '군사 고문관'도 있었다. 역시 미국인인 다이 장군[51]이 이 직책을 수행하고 있으며, 이러한 고문들의 후원으로 다양한 국적의 외국인들이 조선에 입국해 군대를 훈련시켰다. 현재 서울에 있는 교관은 닌스테드 중령으로 내게 조선의 군사 문제에 관해 흥미로운 정보를 많이 제공했다. 그러나 앞에서도 암시했듯이 닌스테드는 직무에 지나치게 열정적으로 몰두해 있었기 때문에 상황을 너무 밝게 바라보았고, 이 나라의 군사 행정(이나 군사 행정의 실패)을 좋게 해석했다.

서울 수비대 병력은 약 5000명으로 3개 사단으로 나뉘었으며 각각 장군의 지휘를 받는다.[52] 숙박을 위해 다섯 개의 큰 병사兵舍가 있고 이밖에 작은 병사들도 있다. 군무 조건은 순전히 자원自願이며, 모든 군사는 여름 장마가 끝난 후인 9월쯤부터 시작해 훈련 기간 전의 명절 때를 제외하고는 꼬박 한 해 동안 근무하기로 되어 있다. 그러나 실제의 근무는 매우 적었다. 사흘은 수비대에서 근무하고, 사흘은 성 밖에서 벗들과 어울리고, 그 다음 사흘은 훈련하고, 사흘은 또 성 밖에서 보낸다. 이런 과정은 그에게 전혀 무거운 부담이 아니다. 특히 군무에 복귀하지 않았다고 해서 처벌받는 일도 없기 때문이다. 모든 군사는 다달이 봉급과 쌀을 받지만 각 장군이 휘하 군영 전체의 보수를 받으며, 보통 6개월을 지체한 후에 수하들에게 봉급을 지급하라는 명령을 내린다. 실제로 출석해 군무를 수행하는 군사의 수에 관해서는 어떠한 질문도 없으므로, 내가 이해하기로 장군은 자기 군영 전체의 보수를 받아 부재자로 발생하는 차액을 자신이 챙길 것으로 예상된다! 신병들은 단순한 동작을 매우 쉽게 배우며, 음악을 잘 이해하는 사람들이어서 집합 나팔 소리를 기억하는 데 아무런 어려움이 없다. 그러나 이들에게 한 지점까지 똑바로 행진하는 것을 가르치기는 불가능하다. 조선인은 걷는 데 뛰어나다. 다음과 같은 사례들을 보면 잘 알 수 있다. 한두 해 전에 일본 공사 장례식에서 시신을 배에 실어 일본으로 옮기기 위해 서울에서 제물포에 육로로 운반할 때 군대는 여섯 시간 만에 25마일을 행진했다. 또 1890년 대왕대비[53] 장례식 때에는 평양에서 600명이 배편으로 제물포에 와서 서울까지 24마일을 여섯 시간 만에 주파했고, 다시 휴식도 없이 무덤까지 20마일을 더 행진했다.

　군관은 양반이어야 하며 사관학교를 나와야 했다.[54] 군병에서 승진하는 경우가 없기 때문이다. 이 규정에는 단 한 번의 예외가 있었다. 1888년에 특별한 훈공에 대한 보상으로 군관이 된 두 명의 하사관이 여기에 해당한다. 한 사람은 이후 곧 콜레라로 사망했고, 나머지 한 사람은 부관으로 승진해 수령에 임명되었다. 이 직책은 병역을 이행하는 것보다 이롭고 기분 좋은 자리여서 그는 군무에 복귀하기를 거부했다.[55] 물론 조정이 압력을 가한다면 그는 현명하게 군무에 복귀할 것이다. 그러는 편이 서울의 거리에서 치욕스럽고 고통스러운 고초를 겪는 것보다 낫다. 직무를 태만히 한 관리는 다부진 사내에게 곤장으로 정강이를 맞는 처벌을 받았다. 군관의 근무는 명목상 48시간 동안 병사나 수비대에서 일한 다음 48시간 동안 비번이지만 실제로 편익을 위해서가 아니라면 전혀 근무를 하지 않는다.

　조선인이 군사로서 지니는 가치에 대한 일반적인 견해는 이렇다. 조선 사람은 야외에서 전혀 쓸모가 없지만 엄폐물 뒤에서는 용감하게 싸운다. 이런 사례를 근자에 미국과 프랑스가 벌인 조선 침략에서 볼 수 있다. 조선인은 일반적으로 좋은 체격을 지닌 기운찬 민족으로 특히 북쪽 사람들이 더욱 그러하다. 그러나 기회가 있을 때마다 독한 술과 여흥의 향락에 탐닉한다. 중국 제도를 모델로 삼은 정부 형태는 중

[의혹이 있는 사건의 부검]

국보다 오래되지는 않았지만 똑같이 비현실적으로 거대하고 부패하여 이 나라에는 불행의 씨앗이다. 외국인이 보기에 백성들은 명랑하며, 중국에서 그토록 두드러졌던 '오랑캐'에 대한 비상식적 혐오는 거의 보이지 않았다. 그렇지만 조선인은 중국인과 마찬가지로 보수적인 생각을 지니고 있었고, 그 작은 문명과 산업을 감안할 때 조선인이 원래 일본인에게 도기 제작 기술을 전수해 주었다는 사실이 의심스럽다. 위생 설비가 절대적으로 필요하지만 원주민들은 위생 설비가 없다고 해서 고통을 받는 것 같지는 않다. 이 나라는 전혀 병들지 않았다.

조선의 무역은 수치로 알 수 있듯이 꾸준히 증가하고 있다. 수입 물품 가액은 1888년 304만 6443달러, 1890년 472만 7839달러였으며 수출 물품 가액은 각각 86만 7058달러, 355만 478달러였다. 관세 순수입은 1888년에 26만 7215달러, 1890년에 51만 4600달러였는데, 1890년은 곡물의 작황이 좋은 해였던 반면에 일본의 쌀 수확이 나빴다. 1890년의 수입 중 영국산이 57퍼센트이었으며 일본산 19퍼센트, 중국산 12퍼센트이고 나머지가 독일과 미국, 러시아, 프랑스, 오스트리아 물품이라는 사실은 영국인의 관심을 끈다. 무역의 상당 부분은 생선 수출로 이뤄진다. 염장하거나 말린 생선 또는 거름용 생선 수출 가액은 1890년에 43만 4000달러를 상회했다. 조선을 둘러싼 바다는 물고기로 가득하다. 나는 원산 근처에서 때때로 말 그대로 바다가 작은 물고기로 가득 찬다는 말을 들었다. 이러한 현상은 2년마다 한 번씩 일어나고 일본인은 그 작은 물고기들을 거름으로 쓴다고 한다. 그러나 원주민들은 바닷물고기 잡는 일에 매우 게을러서 겨우 몇 시간 동안 나가 물고기를 많이 잡으면 먼저 잡은 물고기를 다 먹을 때까지 다시 출어하지 않는다. 그동안 물고기 떼는 지나갈 가능성이 매우 크다. 반면에 일본 어선은 조약에 따라 3마일 한계선 이내의 어획 허가권을 얻고 그 값을 지불해야 했는데 1년간 척당 평균 소득이 100파운드에 이를 정도로 큰 이윤을 남긴다. 대구의 일종인 명태는 동해안의 북청北靑 이북에서 잡히는데 염장하지 않고 말린 명태는 인기가 있는 음식이다. 원산은 조선의 수출 항구로 최소 35만 9000달러어치를 수출한다. 고래잡이는 부산 근해에서 일본 포경업자들이 하고 있다. 이들은 고래가 잠수하거나 배를 부수지 못하도록 가슴지느러미와 꼬리를 얽어맬 수 있는 큰 그물을 사용한다. 산둥山東의 중국인들도 서해 바다에서 많은 양의 청어를 잡는다. 조선에서 콩이 점점 더 많이 재배되고 있다. 이것은 두부와 미소 된장 및 간장의 제조에 콩을 사용하고 있는 일본에서 수요가 증가하기 때문이다. 밀과 보리, 벼도 증가하고 있다. 두 종류의 벼 중 하나는 마른 흙에서 자란다. 이 작물들의 수출은 1890년의 경우 보리 526만 533파운드에 5만 341달러어치, 콩 8795만 800파운드에 100만 4762달러어치, 밀 586만 9466파운드에 6만 381달러어치, 쌀 1

억 1662만 2000파운드에 205만 7868달러어치였다. 꾸지나무 섬유질로 만드는 종이는 또 다른 성장 산업이다. 이 종이는 내구성과 강도가 좋아 중국에서 좋은 값을 받는다. 서울 근처에 공장들이 설립 중이지만 아직은 공급이 수요를 따라가지 못하고 있다. 이 상품의 수출은 1890년에 14만 9891파운드로 2만 6244달러에 달했다. 쌀 도정 공장은 제물포와 부산에 설립되었다.

대외 관계가 확대된 표시로 3개 개항장에 거주하는 외국인의 국적 현황을 아래 표에 제시한다.

	제물포	부산	원산	합계
미국	4	-	-	4
오스트리아	3	-	-	3
영국	7	4	2	13
중국	425(1888년-242)	47(1888년-31)	45(1888년-26)	517
네덜란드	-	-	1	1
프랑스	2	-	-	2
독일	19	2	2	23
이탈리아	1	1	-	2
일본	1616(1888년-1359)	4130(1888년-2711)	689(1888년-453)	6435
스페인	1	-	-	1
합계	2078	4184	739	7001

제 3 장
서울에서 원산까지

9월 5일 토요일, 홍콩을 떠난 지 22일째 되는 날 우리는 육로 여행을 시작할 수 있었다. 맑은 하늘을 보니 날씨는 더 좋아질 것 같았다. 우리는 조랑말이 결코 약속된 시간에 나타나지 않으리라는 말을 들었던 터라 예상보다 일찍 도착한 조랑말들을 보고 놀랐으며, 짐을 어떻게 나눌 것인지 한참 승강이를 벌인 끝에 오전 8시까지 짐을 다 실었다. 전체 무게는 약 1100파운드에 달했다. 두 개의 궁형 틀로 이루어진 길마[56]는 측면에서 목재로 된 가로장으로 합체시켰다. 이 틀을 짚으로 채운 방석[57] 위에 얹은 뒤 새끼줄로 큰 고리를 만들어 길마를 가로질러 놓는다. 양 옆에서 상자를 들어 올리고, 고리를 한 상자 위에 올린 다음 줄의 양 끝을 고리 속으로 넣어 빼서 반대편의 상자 밑으로 돌려 위쪽의 고리 끝까지 팽팽하게 당기고 매듭을 묶어 고정시킨다. 안장 위에는 다른 작은 물건들을 얹었고, 가죽으로 된 뱃대끈으로 전체를 둘러 안전하게 묶었다. 짐이 양쪽으로 동일하게 균형을 이루도록 하는 기술과 짐을 길마에 묶는 기술은 아주 많다. 가슴받이와 껑거리끈[58]은 짐이 앞뒤로 미끄러지는 것을 막는 데 상당히 도움이 된다. 그러나 하중을 받는 어깨, 허리, 꼬리의 뿌리 부분에서는 까진 상처가 흔했다. 우리는 타고 갈 조랑말에 맨 고삐가 그 작은 몸체에 비해 지나치게 크다는 사실을 발견했고, 굿 애덤스의 조랑말 뱃대끈이 끊어지는 바람에 지체는 더 길어졌다. 내 조랑말은 확실히 11핸드를 넘지 못했지만, 굿 애덤스의 조랑말처럼 심하게 비틀거리지는 않았다. 반면에 굿 애덤스의 조랑말은 더 빨리 걸었다. 우리는 뱃대끈을 수선하고 고삐 길이를 줄인 다음 조랑말에 올라탔고, 힐리어 씨에게 부탁해 조랑말 행렬의 사진을 두 장 찍은 다음 오전 9시 35분에 드디어 출발했다.

언덕배기를 깎아 만든 대지 위에 세워진 힐리어 씨의 임시 거처에서 스무 계단 정도 내려가 대문과 바깥마당에 닿았다. 짐을 실을 조랑말들은 영리하게도 이 계단을 잘 내려갔지만, 우리는 조랑말을 타고 내려가면서 처음부터 가슴을 졸일 수는 없었기에 대문까지 걸어 내려

출발 준비 완료.

가 다시 말에 올라탄 뒤 친절하고 호의적인 집 주인과 이탈리아 영사에게 작별을 고했다. 우리는 좁은 진창길을 따라 말린 생선이나 시골의 생산물, 온돌[59]을 덥힐 땔감으로 쓸 나뭇가지를 실은 수많은 조랑말과 황소 사이를 헤치며 천천히 도시의 동쪽 문[60]으로 계속 전진했다. 이 동물들은 두 마리에서 여섯 마리까지 줄을 지어 제 갈 길을 아는 듯한 선두의 짐승을 불규칙한 간격을 두고 따라갔다. 몰이꾼들은 곰방대에 불을 붙여 물고 있거나, 지인과 잠시 한담을 나누거나, 거의 1분마다 멈춰 서서 기이하고도 가까이 들여다보며 살펴서는 안 되는 음식을 파는 수많은 노점에 들러 한 입 가득 채워 넣었다. 나침반의 네

방위로 이어지는 주요 도로는 꽤 넓지만 노점과 주막이 도로 공간을 많이 잠식함으로써 도로 폭은 현저하게 줄어들었다. 그러나 임금이 궐 밖으로 행차할 때면 소유주들은 그 구조물을 치워야 한다.

동대문은 다소 위압적인 건물로 성벽의 약 40야드를 차지했고, 한가운데로 나 있는 통로는 너비가 30피트, 높이는 홍예문의 맨 꼭대기까지 20피트였다. 성벽의 두께는 이곳의 경우 약 15피트이며, 성벽의 맨 위와 같은 높이에 있는 홍예문 위쪽에는 나무 마루가 있고 기와를 얹은 지붕은 곡면이다. 목재로 된 부분은 왕조와 관의 문장을 밝은 색조로 칠했다. 동대문은 전체적으로 보아 그 아래쪽의 초라한 오두막과 작은 집들에 비해 위엄과 기품을 지녔다. 겉에 돌을 박은 15피트 높이의 흙벽이 문의 오른편에서 시작해 호를 그리며 돌아오는데, 이것은 출입구를 보호하는 일종의 외부 방어벽을 이루고 있다.[61] 우리는 오전 10시 15분에 동대문을 통과했고, 25만 명이 살고 있는 조선의 수도를 뒤로 한 채 한강의 지류가 흐르는 평지를 따라 오후 3시 50분까지 여행했다.

그때 우리는 민가 열두 채에 여관이 하나 있는 작은 마을인 위오미에서[62] 밤을 지내기 위해 멈추어 섰다. 우리는 이 지류의 유역이 비옥한 데 대해 깜짝 놀랐다. 조선 사람들은 되도록 적은 땅을 경작한다는 이야기를 들었기 때문이다. 그러나 끝없이 이어져 있는 이곳의 논은 비록 쌀의 품질이 일본 것에 필적하지는 못하지만 좋은 수확을 낼 가망성이 있었다. 우리는 가옥이 두 채에서 여섯 채 정도 있는 작은 마을을 수없이 지나쳤다. 그 마을들 옆의 밭에는 질 좋은 대마가 재배되고 있었고, 각 밭은 주인에게 필요한 양을 충분히 생산했으며 적은 양이나마 판매할 여분도 나왔다. 7~8피트 정도로 자란 담배의 길고 거친 잎은 작물을 재배하면서 잘 돌보지 않았다는 증거였다. 아주까리는 고추와 배추, 무를 심어놓은 작은 채소밭에 바로 붙어 자라고 있었다. 우리는 이러한 밭을 각 집의 바깥쪽이나 촌락의 바깥쪽에서 보았다. 아마와 옥수수, 면화 외에도 포리지[63]의 대용물인 기장(Setaria italica)과 수수(Holcus Sorghum)[64]를 심은 밭이 있었다. 8~12피트 자라며 사람의 엄지손가락만큼 두꺼워지는 수수는 황금빛이나 선명한 적갈색으로 변한다. 조선인은 아직 맨체스터 직물을 쓰지 않았을 때 수수로 조악한 천을 만들어 옷을 지었다. 일본의 간장과 우리의 우스터소스(Worcestershire sauce)의 원료가 되는 콩을 심은 밭도 있었다. 콩은 가축에게 먹이고 인간도 식용한다. 많은 집의 지붕은 조롱박 덩굴로 뒤덮여 있었고, 여기저기에 수박 밭도 있었다. 도로에서 약간 떨어진 마을에서는 과실수와 배, 감, 복숭아를 볼 수 있었지만 도로가의 마을에서는 거의 과일을 마주친 적이 없었다. 함흥 배를 제외하면 모든 과일은 단단하고 즙이 적으며 맛이 없었다. 너비가 2마일쯤 되는 이 지류의 유역은 50~300피트 높이의 헐벗은 작은 언덕에 둘러싸여 있고 그 뒤로는 300~500피트 높이의 똑같이 헐벗은 산들이 솟아 있어 홍수가 날 가능성이 매우 높았다. 그러나 강물은 범람할 때만큼이나 빠른 속도로 빠져나간다. 도로는 언덕 기슭을 따라 꼬불꼬불 구부러져 있으며, 서울에서 15마일만 벗어나면 그저 말이나 다닐 수 있는 정도로 급격하게 좁아진다. 조선인들은 논에 물을 대기 위해 언덕에서부터 수로를 만들어 물을 끌어왔는데, 우리에게는 끊임없이 넘어가야 했던 수로가 가장 큰 장애물이었다. 몇몇 수로는 너비가 10~30야드에 이르렀고, 모래 바닥으로 몇 인치 정도 물이 넘쳐흘렀다. 나머지는 단순한 도랑이었다.

우리는 오후 2시까지 경원가도를 따라 북동쪽으로 속행했다. 이 길은 날씨가 좋을 때면 웬만큼 괜찮은 길이지만 이때는 군데군데 진창에 늪이 있고 전화선이 길을 표시하고 있었다. 이 시간에 우리는 새 말발굽을 몇 개 얻기 위해 작은 마을에 들렀다. 이곳을 출발한 직후 우리 마부들은 간선도로에서 빠져나와 지름길로 알려진 길을 취해 북북동으로 향했다. 이 길이 본선보다 훨씬 더 좋았기 때문에 우리는 길을 바꿔 탄 사실을 알아채지 못했다. 이 길을 따라 여전히 황소와 조랑말의 행렬이 오고 있었다. 나는 낮 동안에만 서울로 가는 조랑말 300마리와 황소 160마리 이상을 헤아렸다. 우리는 원산에 도착해서야 진로 변경의 이유를 알아냈다. 마부들은 우리에게서 돈을 더 많이 받을 수 있으리라고 생각했다. 이 길에 걸린 시간이 원래 길로 갈 때보다 훨씬 더 길기 때문이었다. 그렇지만 마부들은 헛된 기대를 품고 있었다.

우리는 서울에서 60리 또는 18마일 떨어진 곳으로 생각되는 위오미에 도착하자마자 어느 묘지에 천막을 쳤다. 그곳은 작은 여관 근처 도로 위쪽으로 20피트 떨어진 어느 흙무덤이었다. 조선인은 중국인처럼 일반적으로 죽은 자를 언덕의 돌출부에 묻고 묘지 위에 흙으로 높이 약 4피트, 지름 약 6피트가 되는 봉분을 둥글게 쌓아 올린다. 이 봉분과 주변 땅에 잔디를 입히고 관목을 깨끗하게 제거한다. 때때로 형상을 새긴 석상을 무덤 양편에 세워두기도 하는데, 종종 무덤 앞 잔디밭의 맨 끝에 두기도 한다. 인구가 조밀한 지역에서는 땔감의 수요 때문에 무덤 가까운 곳의 숲도 파괴될 수 있었는데, 우리는 이 무덤들이 인접한 곳의 나무들을 보호하고 있음을 깨닫게 되었다. 무덤 주변에는 큰 소나무나 참나무가 원형이나 작은 숲을 이루어 있었지만, 언덕 꼭대기의 마찬가지로 신성한 장소를 제외하면 시야에 들어오는 근처의 어느 곳에서도 높이가 3피트를 넘는 나무를 단 한 그루도 찾을 수 없었기 때문이었다. 우리는 이러한 전경을 매우 자주 목격했다. 우리는 그곳에 야영하는 것이 원주민의 감정을 상하게 하지는 않는지 물었으나, 이것이 그들에게 전혀 대수롭지 않은 문제라는 사실을 알게 되었다. 우리는 새로 깎은 잔디 위에 짐을 내리고, 하인들에게 천막 치는 방법과 그 안에 침대와 짐을 두는 방법을 알려준 뒤 오후 7시에 요리사를 보내 저녁을 마련하게 했다. 굿 애덤스는 장대, 나는 소총을 들고 논을 가로질러 약 300야드 떨어진 강에까지 내려갔다. 아름다운 저녁이었다. 남서쪽에서 따뜻한 바람이 부드럽게 불어왔다. 한강의 지류인 이 강은 폭이 약 40야드이고, 깊이는 2피트를 넘지 않으며, 강물은 모래 바닥 위를 한 시간에 1.5마일 속도로 흘렀다. 우리는 여러 지점에서 강을 쉽게 건널 수 있다는 사실을 알 수 있었다. 그런데 우리가 있는 쪽의 강을 따라 물가에서 약 40야드 떨어진 곳에 높이가 약 4피트인 제방이 축조되어 있었고, 강으로 흘러드는 작은 개천 위쪽에도 제방이 쌓여 있었다. 홍수가 났을 때 언덕 기슭과 강 사이에 놓여 있는 논이 휩쓸리는 것을 막기 위함이었다. 우리는 어느 꼬마에게 돈을 주고 사냥한 짐승을 운반하도록 했다. 굿 애덤스는 작은 지류 개천에서 조그마한 송어 두 마리를 잡아서 꼬마에게 줬다. 나는 쇠물닭 한 마리와 산비둘기 두 마리를 보았지만 안타깝게도 그놈들은 너무나 영리해 사거리 안에 들어오지 않았다. 우리는 실망한 채 굶주린 상태로 야영지로 돌아왔다. 이른 밤에는 모기가 성가셨으나 시간이 조금 지나 습한 들판에서 안개가 피어오르자 모기의 공격이 줄어들었다.

밤 9시, 우리가 침상에 들었을 때 온도계는 천막 밖에서 화씨 68도를 가리키고 있었다.

우리 하인 세 명은 천막 밖에서 천막 줄과 방수 깔개 두 장으로 임시 보호막을 쳐 놓고 그 아래에서 잤다. 그러나 아무리 그러했더라도 다음날 아침 그들은 출발 준비에 너무나 늑장을 부렸다. 요리사는 아침 준비를 하는 데 꾸물거렸으며, 마부들은 밥 먹느라 시간을 소비했으며 짐의 무게에 관해 다투느라 지체했다. 그래서 출발 준비가 되었을 때는 아침 8시 45분이었다. 나중에 우리는 낭비된 시간을 상당히 보전했지만 시간 낭비를 미연에 방지하기는 불가능했다. 조선인은 시간의 가치에 철저히 무지하거나 무관심하기 때문이었다. 우리는 강에까지 이어지는 낮은 언덕을 오르내렸다. 강은 오전 10시 30분까지 우리의 오른편에서 남쪽으로 흘렀다. 우리는 작은 숲을 지나고 강을 건너 돌투성이 언덕을 넘었다. 개울에서 언덕까지 표고 차는 분명 100피트를 넘지 않았다. 언덕을 넘어 도착한 곳은 지난밤에 본 강과 매우 비슷한 강이었는데, 우리는 몹시 놀라지 않을 수 없었다. 강이 북쪽으로 흐르고 있었기 때문이었다. 우리가 지닌 지도는 소용이 없었다. 수원을 찾을 수 없는 상태에서 우리가 이 불가사의에 관해 얻을 수 있는 유일한 해답은 돌투성이 언덕이 유역을 가로질러 뻗어 있고 각각 그 언덕에서 발원한 두 개울을 가르는 분수령이 된다는 것이었다. 첫 번째

개울은 우리 왼편으로 흘렀고, 새로 나타난 개울은 우리 오른편으로 흐르고 있었다. 우리는 임진강의 지류인 개울을 건너고, 낮 1시에 깊이가 2.5피트 되는 얕은 여울을 다시 건넜다. 그곳의 강물은 시속 3마일의 유속으로 미끄러운 바위돌이 깔린 하상 위로 흘렀다. 우리는 점심을 먹기 위해 강의 우안에 자리한 작은 마을에서 진행을 멈추고 즉시 강 아래로 조금 내려가 비록 강물이 돌에 부딪치지 않고는 수영을 할 수 없을 만큼 깊지는 않았지만 멋진 목욕을 즐겼다. 이곳 바닥의 돌들도 서 있기에는 너무나 미끄러웠다. 우리는 짐을 실은 말들의 느린 속력을 참을 수 없어 차츰 그 화물 행렬보다 앞서 나갔고, 그러면서 햇볕과 손수건으로 몸을 말려야 했다. 우리는 근처의 작은 관목 숲에서 소금에 절인 쇠고기와 단단하게 삶은 달걀, 위스키로 점심을 먹고 오후 3시에 다시 출발했다. 마부들은 한 시간에 8리의 속도로 산책하듯이 걸었다. 우리는 그 느려터진 속도에 넌더리가 나서 한 시간은 걷고 그 다음 한 시간은 말을 타고 가기로 했다. 말을 타고 가는 동안은 마부 한 사람이 우리가 탄 조랑말을 뒤에서 몰았다. 우리는 이 방식으로 한 시간에 평균 10리는 수월하게 유지할 수 있음을 깨달았다. 가는 길마다 거의 10리 간격으로 나무 기둥이 길 옆에 세워져 있었다. 기둥에는 기괴한 모습의 사람 얼굴이 새겨져 있었고, 서울에서 또 가장 가까이에 있는 성읍에서 얼마나 떨어져 있는지 거리가 표시되어 있었다.

'장승'이라고 부르는 이 이정표는 놀랍도록 섬뜩했다. 전하는 말로는 매우 강한 남자와 옛날 옛적의 유명한 강도에게 바쳐졌다고 한다. 그 영혼이 도로에 출몰한다는 이야기다.

우리는 여전히 경작지를 지나고 있었으나 조선을 북에서 남으로 횡단하는 주 산맥에 더 가까이 다가가면서 오후 6시까지 험로를 따라갔다. 그때 깊고 빠른 시내를 건너고 곧바로 임진강 위에 불쑥 내민 벼랑으로 난 길을 기어올라야 했다. 매우 위험한 곳이었다. 조랑말들은 미끄러운 바위를 오르는 데 약간 어려움을 겪었다. 안전하게 통과한 우리는 강을 벗어나 몇 채의 집이 있는 개울 곁 작은 골짜기로 내려갔다. 우리는 이 중 한 집에서 벌거벗은 네댓 살 된 남자 아이가 어머니의 젖을 빠는 것을 보았다. 아이 엄마는 열린 문가에 앉아 집안일을 하고 있었다. 바위와 나무가 많은 언덕을 타고 넘은 우리는 임진강변의 어느 나루터로 내려갔다. 이제 산들은 우리 앞에 가깝게 다가왔다. 절벽은 모두 강의 좌안에 있었으며, 강은 이곳에서 크게 휘돌아나갔다. 사공과 마부 사이에 잠시 흥정이 오간 뒤 우리는 배에 올랐다. 배는 직사각형의 평면에 바닥은 널빤지를 대어 평평하게 만들었고 양쪽 옆은 높이 약 2피트 정도로 곧추섰으며, 끝부분은 비스듬히 경사를 주어 강둑에 댈 수 있게 했고 가축과 조랑말의 승선과 하선을 쉽게 했다. 무거운 짐을 지고도 영리하게 타고 내리는 조랑말의 솜씨는 놀라웠다. 한 사람이 노를 저었다. 다시 말해서 사공이 뒤쪽에 있는 구멍에 끼운 긴 노로 배를 몰았고, 또 한 사람은 장대를 써서 강가를 따라 배를 밀어냈다. 배는 빠른 물살이 돌출한 바위 절벽에 부딪쳐 만들어진 역수逆水 속으로 들어갔다. 배가 물살 속으로 빠져들자 배의 앞쪽 끝이 (이물과 고물은 정확히 똑같았다.) 흐름을 탔으며 우리는 폭이 100야드쯤 되는 강을 하류 쪽으로 비스듬히 건너 반대편의 또 다른 역수 속으로 들어가 그 물길을 타고 출발 지점의 반대편에 있는 땅에 안전하게 도착했다. 다른 모든 거룻배처럼 이 배도 크게 놀랄 정도로 바닥에서 물이 새어 나왔는데, 우리는 얼마 안가 다른 많은 것처럼 이 또한 늘 겪는 일이라고 생각하게 되었다. 우리는 뭍에 내리자마자 8펜스에 해당하는 20엔짜리 일본 은화를 사공에게 주었다. 사공은 은화가 무엇인지 모르고 투덜댔다. 우리는 나루터 근처의 작은 마을을 지나 언덕 위에서 나머지 일행을 기다렸다. 반시간이 지나자 강을 건너 나루터에 내리는 일행이 보였다. 모든 것이 안전하다는 사실을 확인했으나 사공은 여전히 은화에 불만이었다. 그래서 사공에게 은화 대신 6펜스에 해당하는 100냥을 줬더니 그는 기뻐했다. 우리는 1마일 더 가서 장고랑리[65]라는 작은 마을에 도착했다. 무덤 두 기가 있고 마을과 강이 내려다보이는 작은 언덕의 묘지에 훌륭한 야영지가 있었다. 주민들이 일제히 몰려 나와 우리와 우리 천막을 구경했다. 그들이 생전 처음 보는 것이었기

[대장장이]

때문이다. 주민들의 호기심은 너무나 강했다. 우리가 옷을 갈아입으려고 문을 닫았는데 시선을 돌릴 때마다 가장자리의 구멍 속으로 뚫어지게 쳐다보는 눈이 있었다. 몇 분 간격으로 우르르 도망치는 소리가 들렸다. 하인들이 구경꾼 무리를 쫓아내고 있다는 뜻이었다. 조랑말들과 마부들은 마을에 있는 여관에 묵었다.

서울에서 점점 멀어지고 주 산맥에 더 가까워질수록 구릉지는 그때까지 보아온 황량하고 헐벗은 외양을 벗어났다. 산중턱과 정상부는 크지 않은 소나무로 뒤덮여 있었으며, 낮은 사면은 2~3피트로 성장이 부진한 참나무와 소나무가 있었다. 강은 이제 더 이상 논으로 뒤덮인 충적 평야를 굽이쳐 흐르지 않고 오래된 하상과 가파른 언덕 사면 사이로 흘렀다. 이 하상의 비옥함은 놀라웠다. 우리는 들판과 숲에서 주의 깊게 찾아보았으나 겨우 도요새 몇 마리와 산비둘기 한두 마리를 발견했을 뿐이었다. 더 많은 짐승과 새를 찾지 못한 것은 매우 놀라운 일이었다. 우리는 오늘 큰 손해를 보았다. 마부 한 사람의 부주의로 그의 조랑말이 다른 녀석과 싸우던 중 위스키 상자를 차는 바람에 애석하게도 한 병이 깨진 것이다.

이튿날 아침 장고랑리를 떠난 직후 우리는 작은 시내를 건너고 약 200피트의 가파른 바위 길을 올라 작은 화산암 대지에 이르렀다. 대지는 점차 강을 향해 하강하고 있었다. 4시간 후인 낮 11시 30분에 우리는 강가의 작은 마을에서 정오의 휴식을 취했다. 우리는 돌밭을 지나 강가에까지 힘쓰며 걸어갔는데, 강바닥에 걸려 움직이지 않는 나무를 발견했다. 운이 좋게도 그 나무는 앉을 만했다. 우리는 여기에서 목욕을 하고 점심을 먹었다. 강물은 매우 시원해서 우리는 기분이 매우 좋았다. 시간과 공간 문제로 곤란한 데다 수많은 남녀가 유심히 지켜보기 때문에 아침에나 밤에나 씻는 일은 제한되었다. 게다가 쓸 수 있는 도구로는 비누 외에 작은 주석 대야뿐이었고, 각자에게 돌아갈 온수도 극히 적었다. 점심 후에 우리는 애써 쉴 만한 장소를 물색했지만 헛수고였다. 사람들이 걸상을 사용하는 경우는 매우 드물었다. 대신 그들은 쭈그리고 앉는다. 게다가 공중변소에 관한 그들의 관습[66]과 쓸 만한 땅뙈기는 모조리 개간해 앉아 있을 만한 작은 풀밭을 발견하기란 거의 불가능했다. 우리는 여기에서 파리들에게 고문을 당했다. 보통의 집파리와 모양이나 크기는 비슷하지만 색깔은 회색인 파리였다. 이놈들은 특히 굿 애덤스를 좋아해 그의 반바지와 양말을 뚫어대며 매우 지독하게 물었다. 상처는 며칠 동안 쓰라렸다. 이 파리들은 강변 마을 근처에만 있었고, 이틀이 지나자 보이지 않았다.

낮 2시. 우리는 다시 비옥한 임진강 유역을 따라 나아갔다. 오후 동안 일곱 번이나 시내를 건넜으며 해질 무렵에 우리의 왼편으로 두고 시내를 벗어났다. 화산암 덩이로 뒤덮인 폭 2마일 정도의 평원을 가로질러 해발 785피트 되는 언덕의 고갯길을 올랐다. 정상에서 우리는 처음으로 산신령에게 바쳐진 나무를 보았다. 군집을 이룬 소나무 중 한 그루의 가지에 넝마 조각이 무수히 많이 매여 있고 밑동에는 지나가는 사람들이 바친 제물인 돌무더기가 쌓여 있었다. 우리는 항나두체란읍 마을[67]로 내려와 마을의 맨 가장자리에 있는 언덕 사면에서 야영지를 찾았다. 여관의 바로 위쪽에 있었다. 이번에는 묘지에서 평평한 땅을 찾지 못했다. 짐을 실은 조랑말들이 오후 6시 30분이 되어서야 도착했기 때문에 텐트가 준비도 되기 전에 날은 꽤 어두워졌다. 체란읍은 서른 가구가 살고 있는 곳이었는데, 곧 촌락 주민들이 잔뜩 모여 우리를 에워싸고 입을 벌린 채 멍한 표정으로 바라보았다. 이들은 더할 나위 없이 명랑했지만 볼 수 있는 것은 다 보겠다는 듯이 단호했다. 저녁에 촌장이 와서 우리가 자신을 만나고 싶어하는지 알아보려 했다. 그러나 우리는 막 잠자리에 들었기 때문에 폐를 끼치고 싶지 않으며 다만 구경꾼들이 물러났으면 좋겠다고 말했다. 촌장은 친절하게 사람들을 설득해 돌아가게 했다. 저녁 8시 30분이었다.

아침에 나는 매우 멋진 뱀 한 마리를 보았다. 길이가 약 2피트였는데 길을 건너다가 내가 탄 조랑말에 거의 밟힐 뻔했다. 머리는 검은색이었으며 등은 몸의 절반까지 선명한 주황색이었는데 점차 선명한 초록색으로 바뀌었고, 다이아몬드 형태의 검은색 무늬가 이어졌다. 또 오후에는 길이가 1.5피트 되는 갈색 독사 한 마리를 발견했는데, 발견 즉시 지팡이로 이 독성 파충류를 처치했다.

8일 아침 7시에 일찍 출발한 우리는 화산암 평원에 올랐다. 폭은 약 14마일이었고, 북북동 방향으로 완만한 오르막길이었다. 길은 지독하게 나빴다. 사방으로 화산암 덩이가 튀어나왔고, 약 반시간 간격으로 늪지대도 나타났다. 조랑말들은 힘들게 버둥거리며 늪을 통과했다. 전날 저녁부터 내린 비는 밤 사이에 내렸다가 그치기를 반복했으며, 오늘 낮에는 여러 차례 세찬 소나기가 쏟아졌다. 그래서 길은 더욱 나빠졌다. 평원은 빽빽하게 자란 거친 풀로 뒤덮였으며, 키가 작은 소나무와 참나무가 듬성듬성 박혀 있었다. 그 나무들은 땔감으로 끝없이 잘려나가고 토양이 깊지 못하기 때문에 성장이 부진했다. 참나무 잎은 어떤 경우에는 길이가 12인치, 너비가 5인치나 되었다. 야생 로즈메리와 딸기 포기가 지면을 뒤덮었다. 야생 딸기 한두 알갱이가 익은 것을 보았지만 말에서 내려 따 모으지는 않았다. 그러지 않은 것이 다행인 듯했다. 나중에 원산에서 그것이 '뱀딸기'이며 사람에게 해롭다는 말을 들었다. 우리는 점심을 먹기 위해 평강화에서[68] 걸음을 멈추었다. 작고 지저분한 그 마을에서 낮 1시까지 머무르는 동안 꿩이나 잡을까 하는 생각에 잠시 짬을 내어 오른편의 평원 끝 아래쪽에서 남쪽으로 흐르는 시내를 건넜다. 그렇지만 꿩은 한 마리도 안 보였다. 여정을 재개하면서 굿 애덤스와 나는 가도를 따라 한 시간 동안 계속 걸었다. 마부가 우리가 탄 말을 따라잡더니 우리가 마을을 떠난 뒤에 올바른 길을 지나치고 엉뚱한 길로 접어들었다고 말했다. 왼편의 좁은 오솔길로 가야 했다는 이야기였다. 마부는 어디로 가고 있는지 알고 있었다. 우리를 북북서 방향으로 인도해 들을 가로질러서 동쪽으로 흐르는 강으로 데려갔기 때문이었다. 그 강은 한강의 지류인 회양강[69]이 틀림없었다. 그 강은 깊고 빨리 흘렀으며 더할 나위 없이 맑았다. 우리는 한동안 오른쪽 강가를 따라 진행했다. 굽은 곳에 오면 강은 강가의 경작지를 빠르게 침식하고 있었지만, 반대편에는 침식을 보상하기라도 하는 듯이 자갈과 모래가 쌓여 있었다. 우리는 이 시내를 두 번 건너야 했고, 안전하게 건널 만큼 얕은 여울을 찾는 데 약간 애를 먹었다. 강을 왼편에 두고 떠난 우리는 조금씩 1000피트를 올라 화강암으로 이뤄진 작은 산맥에 이르렀다. 화산암이 약간 섞인 화강암은 부서지고 있었다. 해발 약 1500피트의 정상에 도착하자 발 아래로 아름다운 골짜기가 눈에 들어왔다. 커다란 평강平康 마을이 한때 가파른 강둑이던 것의 보호를 받아 편안하게 자리를 잡고 있었다. 그 지형은 둥글게 호를 그렸고, 때로 겨울을 거의 못 견딜 지경으로 만드는 차가운 북풍과 북서풍으로부터 그 지역을 완벽하게 보호하고 있었다. 마을과 강 사이에는 폭 0.25마일, 길이 1마일의 충적토가 뻗어 있었으며 그 위에서 벼, 기장, 콩, 담배가 자라고 있

[외줄타기]

었다. 한 시간 뒤 우리는 당나리[70]에 도착했다. 집이 서른다섯 채가 있는 마을로 소나무 숲으로 둘러싸인 농지가 약간 있었고 마을 한가운데로 작은 시내가 흘렀다. 천막을 칠 만한 곳은 딱 한 군데가 있었는데, 숲의 북쪽 끝 도로가였다. 밤 9시에 온도계는 화씨 61도를 가리켰지만, 차가운 북풍이 젖은 옷 속으로 스며들어 우리는 너무나 추웠다. 그나마 다행스럽게도 구경꾼들이 추위에 벌벌 떨다가 평소보다 일찍 사라졌다. 낮 동안 우리는 꿩을 두어 마리 보았으나 총은 바른 길을 가고 있는 다른 짐에 있었다. 아침에는 긴 두루미 행렬도 보았다. 우리의 중국인 요리사는 오늘 세 번이나 말에서 떨어졌다. 조랑말이 비틀거렸기 때문이었다. 칼스 씨는 1884년의 여행을 설명하면서 자신을 수행한 우리 요리사의 이 버릇을 언급하고 있는데, 놀랍게도 그때 그의 나이를 쉰다섯 살쯤이라고 말했다! 요리사는 예순두 살 먹은 사람처럼 보이지는 않았지만 중국인은 오랫동안 알지 못하고선 나이를 짐작하기가 매우 어렵다.[71] 그러나 나이도 있고 타박상도 많이 입었지만 음식 솜씨는 괜찮았다. 하인들에게서 천막 밖에서 자기를 꺼려하는 분위기가 감지되었다. 말할 것도 없이 바람이 차가웠으며, 호랑이가 우글거린다는 산에 가까이 왔기 때문이었다.

이튿날 우리는 마을 주변에 꿩이 많다는 주민들의 말을 듣고 아침 7시 30분부터 총을 들고 꿩을 찾아 나섰다.[72] 윤은 꿩이 있을 만한 곳을 알고 있다고 주장하는 사람을 주선했지만 우리 노력은 헛수고로 끝났다. 새나 짐승이나 한 마리도 보지 못했다. 우리는 콩 밭과 기장 밭을 여러 곳 두들기고 늪지와 긴 풀밭에 숨은 개울을 여럿 건넜다. 그러느라고 허리까지 흠뻑 젖었다. 한 시간 동안 성과도 없이 고생만 해서 싫증이 났고 추적을 포기했다. 가도로 돌아와 보니 마부는 우리가 시킨 대로 기다리기는커녕 다른 말과 함께 우리 조랑말도 데려갔다. 어쩔 수 없이 우리는 이따금 습지로 변하는 화산암 길을 한 시간 반 동안 녹초가 되도록 터벅터벅 걸어갔다. 습지는 최선의 방법으로 지나가야 했다. 길 옆 주막에 조용히 앉아 담배를 피우고 있는 마부를 보았을 때 우리 기분은 엉망이었다. 솜바지와 버선이 젖고 진흙투성이가 된 윤은 마부를 향해 조선 말로 욕을 퍼부으라고 요구했다. 우리는 점심을 먹기 위해 낮 11시 30분부터 두 시간 동안 휴식했다. 해가 나서 다행히 옷이 말랐다. 오후 4시가 되기 바로 전에 우리는 이 거대한 화산암 평원의 가장자리에 도착했다. 평원은 북쪽으로 흐르는 강의 계곡에서 끝났다. 우리는 이 평원 속으로 들어갈 참이었다. 왼편에는 500피트 아래의 강에까지 깎아져 내린 엄청난 벼랑이 있었다. 깊이가 수 피트에다 너비가 수 마일인 이 거대한 화산암 평원의 근원이 어딘지 우리는 짐작할 수 없었다. 눈에 보이는 산 중에 분화구 비슷한 것은 없었기 때문이다. 그러나 평원은 이곳에서 산줄기 쪽으로 솟아올랐고 산줄기는 북쪽에서 평원으로부터 멀어지므로, 그 기원은 이 근처임이 틀림없었다. 이 화산암 평원은 아예 경작되지 않은 것이 아니었다. 평원에 접한 하천 근처의 여기저기에 기장 밭과 콩 밭이 있었고, 먼 곳의 강가에도 부락과 상당히 큰 마을이 보였다. 그렇지만 우리의 하인들은 이 마을들과 눈에 보이는 강과 산의 이름을 전혀 모른다고 말했다. 이들은 사금이 어디에서 나는지도 전혀 몰랐다. 우리가 알기에 사금을 캐는 곳이 여기에서 멀지 않았다. 이러한 무지는 짜증스러웠다. 내가 아는 한 우리보다 먼저 이 길을 여행한 유럽인은 없기 때문이었다. 강이나 산맥에 접한 지역의 주민들은 강 따위에 자신들만의 이름을 붙이는 습관을 즐겼는데, 이 때문에 지명을 확인하기가 더욱 어려웠다. 그래서 어느 강의 이름은 100마일을 흐르는 동안 대여섯 번 바뀌었다. 얼마 지나지 않아 우리는 이름을 묻기를 포기했고, 주변 풍광을 주시하면서 우리가 지나온 강의 본류를 간신히 확인했다.

우리는 평원 끝의 작은 길을 지나 구불구불 험한 길을 내려갔다. 우리가 걸어서 지난 길 중 가장 고생스러웠다. 400피트를 내려가니 나무로 만든 문이 하나 나타났다. 너비는 약 6피트, 높이는 8피트였는데 위에는 망루로 쓰이는 마루가 있었고, 두께 약 6피트에 높이가 10피트인 성벽 가운데 자리를 잡았다. 성벽은 강 위쪽 벼랑에서 시작해 우리 오른편의 산등성이 꼭대기의 돌출부로 이어졌다. 방치되어 망가진 이

요새는 강원도와 우리가 막 진입하려는 함경도의 경계였다. 우리는 성문을 지나 강의 골짜기를 따라 약 200피트 위쪽까지 진행했는데, 골짜기가 갑자기 좁아져 강의 우안으로 내려갈 수밖에 없었다. 가는 길에 집이 두 채 있었다. 바위 주변에 설치해 놓은 벌통의 숫자로 보아 벌을 치는 집인 듯했다. 2피트 길이의 통나무로 만든 벌통은 속의 일부분이 비어 있었고, 바위의 갈라진 틈에 세워져 있으며, 나무판자로 꼭대기를 덮고 그 위에 큰 돌을 얹어 고정시켰다. 벌통에는 작은 구멍을 내어 꿀벌이 드나들 수 있도록 했다. 근처에 있는 벌통이 족히 100개는 되었다. 꿀을 조금 사겠다고 했더니 다음 달까지는 꿀이 없다고 한다.

우리는 어제 비가 많이 내려 강을 건너기가 불가능하다는 말을 들었다. 강물은 약 2.5피트 깊이의 자갈이 깔린 하상을 여전히 빠르게 흐르고 있었다. 강물은 얼음처럼 차가웠으며 내 조랑말은 안장 덮개의 절반까지 물에 잠겨 마치 작은 쥐처럼 거의 휩쓸릴 뻔했다. 다행히 안전하게 강을 건넌 우리는 기다리면서 전체 행렬이 건너는 것을 보았고, 매 순간 조랑말과 우리의 소중한 짐이 휩쓸려 내려가지는 않을까 조마조마했다. 그러나 마부들은 바지를 최대한 위로 걷어 올린 채 작고 영리한 그 짐승들 옆에서 큰 목소리로 간간이 채찍을 휘둘러 독려하며 힘들게 강을 건넜다. 짐은 전부 물에 젖지 않고 안전하게 건너왔다. 그때 우리는 짐을 운반하는 조랑말 중 한 마리가 완전히 눈이 멀었다는 사실을 알았고, 그 놈이 어떻게 강을 건널 수 있었는지 감탄했다. 다음날도 그 조랑말은 쓰러지지 않고 잘도 걸었다. 걷는 데는 젬병인 요리사는 내리막길에서 약간 뒤처졌으며, 여울에 닿자 그의 조랑말은 이미 강을 건넌 뒤였다. 요리사를 도울 방법은 전혀 없었다. 그래서 요리사는 허리에까지 옷을 걷어 올리고 맨발로 바닥을 더듬으며 건너야 했다. 짜증난 요리사의 얼굴을 보고 우리 모두는 웃음을 터트렸지만, 그의 감정을 상하게 하지 않으려고 계속 움직였다. 우리는 해질 녘에 이 강을 두 번 더 건너야 했다. 날이 어두워져 우리는 당간리 마을에서[73] 멈췄다. 이 마을은 오래 전에 강의 퇴적물로 형성된 강 좌안의 대지에 자리를 잡았다. 땅은 조금도 남기지 않고 경작지로 쓰이고 있어서 우리는 어느 집 앞에 있는 마을 타작마당에 천막을 쳤다. 바닥은 온통 벼룩투성이였고, 우리는 몇 피트 떨어진 집안에서 흘러나오는 말 소리와 벼룩 때문에 한동안 잠들지 못했다. 강 건너편의 수면에서 25피트 높이인 같은 위치에 비슷한 계단식 경작지가 있었으며 우리 위쪽으로 수천 피트 높이에 소나무로 옷을 입은 산들이 어둑어둑하게 우뚝 솟아 있었고 물가 주변에는 작은 참나무가 여기저기에 자라고 있었다.

"호랑이가 살기에 딱 좋은 곳이군." 하고 우리는 말했다. 그리고 주민들이 겨울에 이따금씩 호랑이를 보았다고 해도, 하인들이 집 안에서 자기를 원해도 우리는 놀라지 않았다. 하인들을 집 안에서 자도록 한 것이 잘한 일이기는 했다. 밤새 비가 쏟아 부었기 때문이었다. 그러나 우리는 숙면을 취했다. 길에까지 늘어진 천막 줄 위로 조랑말이 불쑥 넘어지면 천막이 거의 귀까지 내려왔는데, 잠을 방해하는 것은 이뿐이었다. 나는 이곳에서 밤에 동네 개들이 짖지 않으면 그게 바로 호랑이나 표범이 내려왔다는 표시라는 것을 알았다. 또한 나중에 안 사실이지만, 우리가 있는 곳과 바다 사이의 산지에는 이 짐승들이 득시글했고, 어두워진 후에 부주의하게 이동하다가 죽은 사람이 여럿이었다. 바로 그 기간에 남동쪽 산 속에 있는 불교 사찰들을 방문한 몇 명의 여행객들이 우리에게 호랑이 한 마리가 승려를 잡아 게걸스레 먹어 치운 곳을 보았다고 이야기했다. 그들이 절에 도착하기 며칠 전에 일어난 일이었으며, 아직도 그 사고의 흔적을 분명하게 볼 수 있다고 말했다.

이튿날 아침, 우리는 여느 때처럼 휴식처가 어디에 있는지 물었고 130리 떨어진 곳에 한 곳이 있다는 답변을 들었다. 길이 매우 험하니 쉬지 않고 하루 종일 걸어야 한다고 했다. 결국 우리는 거의 오전 9시가 되어서야 출발했다. 그리고 곧 '매우 험하다'는 말은 길이라고 부를 수 있는 것에 대한 설명치고는 너무나 좋은 표현임을 깨달았다! 네 시간 반 동안 진행하면서 0.25마일 이상을 전혀 말을 타고 갈 수가 없었다! 나는 그때 서구인이 이해하는 도로는 조선에 존재하지 않는다고 말할 수도 있었다. 육로로는 말이 다니는 길과 사람이 걸어 다니는 길이 있는데, 인마의 왕래에 길이 닳아 그 정도의 도로 사정밖에 유지되지 않았다. 긴요하게 필요한 경우에만 도로 보수가 이루어졌다. 몇몇 경우에 도로가 넓어지고 파인 구멍은 부드러운 흙으로 메워져 있는 것을 보기도 했다. 겨울철에 썰매가 울퉁불퉁하게 언 표면을 미끄러지며 지나친 부담을 받지 않도록 하기 위한 것이었다. 길은 대체로 물길을 따라간다. 물론 물이 매우 얕고 하상이 넓은 강변에서 물을 건너야 한다.

길은 산들에 갇힌 강의 좌안을 따라 구불구불 이어졌다. 산들은 우리가 다가가면 더 높아졌다. 우리는 강보다 50~100피트 높은 곳에 있는 바위 위로, 또다시 아래의 강가로 바위와 자갈을 계속 오르내렸다. 때로는 수면에서 몇 피트 떨어진 곳을 걸었고, 때로는 수면으로부터 20~50피트 떨어진 벼랑의 바위 턱을 올랐다. 강물이 조금씩 벼랑을 잠식하고 있는 곳이거나 극심한 추위와 폭우, 작열하는 태양 때문에 흙이 허물어져 근자에 사태가 난 곳에서는 돌출한 바위들이 우리 머리 위로 떨어질 것 같았다. 마침내 강 골짜기를 떠날 때 우리가 꽤나 기뻐한 것도 바로 그 때문이었다. 우리의 고생을 보상이라도 하듯이 풍경

[타작]

은 너무나 아름답고 멋졌다. 강변 양쪽에 1500피트에 이르는 화강암 산들이 우리 위쪽으로 우뚝 솟아 있었다. 몇몇 산의 정상부에는 나무가 없었으며, 다른 곳에는 소나무가 자라고 있었다. 어쨌거나 모두 거친 풀과 갈대가 크게 자라 마치 융단 같았으며, 그러한 풀밭이 산 아래쪽으로 이어지다가 갑자기 벼랑이 나타났고, 그 발치에는 강물이 사납게 흘렀다. 산 속 계곡의 급류에 파인 산사면의 좁은 골짜기에는 작은 참나무와 단풍나무가 바위틈에 아슬아슬하게 뿌리를 내리고 있었다. 어떤 곳에서는 장벽처럼 긴 화강암이 시내를 가로질러 10야드의 빈틈만을 남겨 놓아 거의 다리가 될 뻔했다. 그 아래의 강물은 폭이 50야드에 깊이는 8~10피트로 20피트 아래에까지 물거품 덩어리를 쏟아내며 요란하게 흐르고 있었다. 흐르는 강물의 노호 소리는 울리고 또 울려서 대화가 거의 불가능했다. 여름에 수량이 많아지면 이곳은 정말 장관일 것이다!

정오쯤 산기슭에 새롭게 난 갈지자 길을 지나 골짜기 위로 올라갔다. 지금은 산 속 급류의 물길이 된 옛 길은 쓸 수 없었다. 우리는 조랑말이 제 값을 할 적기라고 생각하고 800피트의 오르막길을 절반 가까이 조랑말을 타고 올라갔으나 나머지는 걸어가야 했다. 꼭대기에서 인부들과 조랑말에게 숨 돌릴 시간을 주기 위해 잠시 휴식을 취했다. 거기에서부터는 길이 꽤 좋았다. 우리는 안변이라는 작은 마을에 도착했다. 북동쪽으로 약간 떨어진 곳에는 수령이 다스리는 같은 이름의 고을[74]이 있었다. 여기에서 우리는 처음으로 진짜 다리를 보았다. 우리는 실제로 나란히 묶은 널빤지 네댓 개로 두 번이나 급류를 건넜다. 그런데 이 마을에는 울퉁불퉁한 돌로 회반죽도 바르지 않은 채 세운 무지개다리가 하나 있었다. 짐을 실은 조랑말들이 도착하기를 기다리는데 마을 주민들이 우리를 집으로 초대해 덜 익은 배와 복숭아를 권했다. 나무에는 그 과일이 잔뜩 매달려 있었으며 우리가 이를 거절하자 주민들은 매우 난처한 표정을 지었다. 그러나 우리가 마을 한가운데에 천막을 치는 것을 보더니 마음이 풀어졌다. 그곳은 우리가 찾아낸 유일한 평지였다. 조심스럽게 바닥을 치운 뒤 그 위에 진한 과망간산칼륨 용액을 흩뿌리고, 그 다음에 키팅 살충제를 뿌렸다.[75] 벼룩과 파리가 엄청나게 많았기 때문이다. 점심을 먹은 후 시내를 따라 조금 내려가니 물방아 근처에 모래사장이 나왔고, 그곳에서 즐거운 목욕을 즐겼다. 마을 아이들이 훔쳐보는 것은 막을 수 없었다. 아이들이 강둑에서 우리를 지켜보고 있었던 것이다. 물방아는 처음 보았다. 추수가 아직 시작되지 않았기 때문이다. 통나무의 한쪽 끝에 홈을 파 물받이를 만들고, 받침대에 고정된 두 개의 포이砲耳 위에 균형을 잡아 놓는다. 가까운 시내에서 끌어온 물이 물받이에 가득 차면 물받이가 아래로 내려가고 물이 쏟아져 나오면 통나무는 다시 제자리로 돌아간

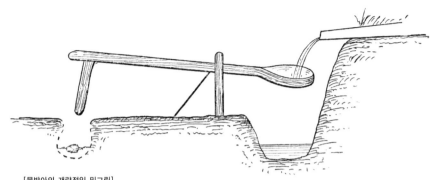

[물방아의 개략적인 밑그림]

다. 반대쪽은 나무 막대가 끼워져 있어 곡식을 빻는 방앗공이 역할을 한다. 곡식은 바닥을 파내어 회반죽으로 발라 만든 방아확 속에 넣었다. 이 과정이 1분에 여섯 번에서 아홉 번까지 반복된다. 더 북쪽에서 이러한 물방아가 돌아가는 것을 열 번에서 스무 번 정도 보았다. 포이의 삐걱거리는 소리는 매우 구슬펐다. 작은 방아는 발로 작동시키는데 원리는 정확히 똑같다. 훗날 일본에서도 비슷한 방아가 쓰이는 것을 보았다. 나는 오늘 많은 양의 야생 나무딸기를 보았다. 높은 곳엔 어디든지 야생 로즈메리가 자랐고 바위는 예쁜 담쟁이(Ampelopsis Veitchii)로 뒤덮였다.

이제 우리는 다시 가도에 가까이 왔다. 마부들은 남은 110리를 가는 동안 휴식처는 한 군데밖에 없다고 말하면서 다음날에도 원산에 도착할 수 없다고 해 우리는 크게 놀랐다. 오늘 겨우 50리를 왔으니 이

지연이 의도적인 것이 아닌지 의심이 들었다.

우리는 금요일 아침 8시 30분에 출발해 또 다른 화산암 평원을 지났고 점차 어제 지난 강의 지류로 내려갔다. 오전에, 지난 5일에 이탈한 서울에서 오는 가도로 들어섰다. 지금은 오가는 사람이 더 많았다. 원산에서 말린 생선 꾸러미를 싣고 오는 황소와 조랑말이 끝없이 이어졌다. 반면에 지난 사흘 동안에 마주친 조랑말은 겨우 두 마리였다. 4시간 45분 동안 비스듬한 내리막길을 걸어 강의 우안에 붙은 긴 거리로 이뤄진 남산南山에 도착했다.[76] 마을의 건너편에는 강 쪽으로 매우 완만히 경사를 이루고 있으며 한 곳도 남기지 않고 모조리 경작지로 쓰이고 있는 충적토로 된 달걀 모양의 평야가 있었다. 사정이 이러하니 우리는 천막 칠 자리를 찾을 수 없었다. 마지못해 조선인의 집으로 들어갔다. 우리가 들어간 방은 폭 7피트에 길이 20피트, 높이가 6.5피트였으며, 한 쪽 끝에는 외양간으로 이어진 작은 문이 나 있었다. 그곳은 부엌이기도 했다. 오른편에는 격자 위에 종이를 바른 두 짝의 문이 길거리를 향해 나 있었고, 왼편의 또 다른 문은 작은 방으로 이어졌다. 우리 하인들은 작은 방에서 잤다. 방의 반대쪽 끝에 또 다른 문이 길거리를 향해 울타리 쪽으로 나 있었다. 그 밑에서 큰 길 쪽으로는 도랑이 이어졌다. 집의 벽은 대충 손질한 나무 기둥들을 수직으로 세운 다음 그 사이에 윗가지를 엮어 넣고 진흙을 매대기 쳐 만들었다. 진흙을 바른 방바닥 위에는 짚으로 엮은 가마를 깔았다. 지붕은 무게의 측면에서 볼 때 수직 기둥과는 전혀 균형이 맞지 않는 무거운 통나무가 지탱하고 있었다. 가벼운 초가지붕의 압력을 생각하면 이 통나무는 지나치게 컸다.[77] 집 뒤에는 작은 뜰이 있어 고추와 배추, 무, 조롱박이 조금 자라고 있었다.

우리는 방문과 창문을 닫아 호기심 많은 마을 주민들을 피했다. 따뜻한 오후에 그 집의 친절한 안주인이 '온돌'에 불을 지피자 우리는 거의 질식할 지경이었다. 서둘러 점심을 먹고 꿩 사냥에 나섰다. 윤과 꿩이 많은 곳이 어딘지 알려줄 수 있다는 사람이 동행했다. 길잡이는 우리를 강 건너로 데려갔다. 그는 깊이가 약 2피트인 강을 한 사람씩 등에 업어 건넜다. 그런 다음 우리는 터벅터벅 걸어 언덕을 몇 개 넘고 들판을 지났지만 아무 자취도 발견하지 못했다. 개울을 하나 더 건넜다. 나중에 두 사람이 더 합류했는데, 이들 조선인한테서 마지막으로 들은 이야기는 한 소년이 매일 일하러 갈 때마다 큰 호랑이를 본 장소를 알고 있다는 것이었다. 이들은 우리에게 그 장소를 가리켜 보이기까지 했다. 낮은 모래 언덕이며 부분적으로 소나무가 자라고 있었다. 그러나 우리가 호랑이를 찾으러 가겠다고 하자 이들은 호랑이가 마지막으로 관찰된 곳이 어느 언덕인지, 그때가 언제인지 모르겠다고 얼버무려 넘기면서 결국 우리와 동행하기를 거부했다. 우리는 전방으로 약 10리 떨어져 있는 안변사[78]로 갈 생각이었다. 그 커다란 공간에는 오래된 나무가 자라는 멋진 길이 나 있는데, 산기슭에서도 안변평야 건너편의 그 큰 나무들을 볼 수 있었다. 그렇지만 지금은(오후 5시) 너무 늦었다. 그래서 우리는 다른 길로 빠져 불운한 윤만 대동한 채 호랑이를 찾았다. 조선인들이 우리에게 가리킨 언덕을 넘어가면서 표범 한 마리가 평야 쪽으로 방금 지나간 흔적을 발견했지만 덤불 속에서 곧 놓쳤다. 날개를 다친 꿩도 한 마리 발견했지만 풀숲에서 놓쳤다. 살쾡이와 사슴의 흔적도 무수히 많았다. 그러나 실제로는 한 마리도 보지 못했다.

집으로 돌아오니 방은 여전히 참을 수 없을 정도로 뜨거웠다. 우리는 방문과 창문을 전부 열어야 했고, 밖에서 훤히 들여다보이는 상태에서 젖은 옷을 갈아입어야 했다. 온도계는 화씨 85도였다. 환기 장치가 전혀 없었기 때문에 우리는 아궁이의 불을 꺼달라고 부탁했다. 그렇게 하기까지 매우 힘들었다. 우리 하인들이 따뜻한 것을 즐기고자 하기 때문이었다. 온돌은 간단하고 저렴한 난방 방식으로 조선에서는 일반적이었다. 집의 한쪽 끝이나 측면에 나 있는 아궁이 속에 잔가지를 조금 넣고 불을 붙이면 연기와 뜨거운 공기가 진흙으로 바른 방바닥 밑의 연도煙道를 지나 반대편 또는 측면에 뚫린 수직 굴뚝이나 구멍으로 빠져나간다. 불을 조금만 때도 큰 집을 완전히 데우기에 충분하다. 중국의 '캉(炕)'도 똑같은 원리에 입각해 있지만 연도가 방의 측면을 따라 도드라진 긴 의자 모양을 하고 있다. 나는 나중에 기침과 감기가 매우 흔하다는 사실을 알고도 놀라지 않았다. 실내 온도는 화씨 70~80도였는데 바깥 온도는 0도로 극단적이어서 견디기가 매우 힘들었기 때문이다. 게다가 방안에 온기가 지속됨으로써 수많은 파리와 벼룩, 벌레, 바퀴들은 살아남을 수 있었고 대부분의 집에서 창궐했다.

9월 12일 토요일은 우리가 여행한 지 여드레째 되는 날이었다. 올바른 길로 왔다면 보통 닷새나 엿새가 걸렸을 거리였다! 그러나 우리는 서울에서 만난 두 명의 독일인 장교보다 운이 좋았다. 그들은 당시 원산으로부터 가도를 통해 육로로 서울에 막 도착한 참이었는데, 강물이 불어 한 곳에서 닷새를 보냈다고 했다. 우리는 아침 7시 45분에 출발했다. 강을 한 차례 만나 앞서 그랬던 것처럼 여울의 가장 깊고도 어려운 지점으로 건넜다. 이것은 우리 마부들의 변함없는 습관이었다. 짐을 앞서 보내고 물가에서 우리가 탈 조랑말을 기다리는 동안 나는 여울의 다른 지점에서 조선 여인 한 명이 등에 아기를 업고 건너는 것을 보았다. 깊은 곳에서는 여울이 거의 여인의 무릎까지 차올랐으며 우리의 조랑말은 1피트가 더 깊은 물에서 버둥거리며 지나가고 있었다. 아기를 데리고 다니는 방법은 간단하다. 아기를 긴 천에 앉힌 다음 천의 양 끝을 아이 엄마의 목에서 돌려 가슴 위에서 교차시키면 아기의 다리가 엄마의 허리를 감싸게 된다.

우리는 가파른 강둑을 기어올라 어제 가로지른 화산암 평원을 계속 걸었다. 해발 약 500피트 되는 이 평원은 북쪽 방향으로 점차 내리막이었다. 우리가 막 건넌 강의 상류는 왼편으로 약 2마일 떨어져 있었다. 이보다 더 먼 강둑 위의 벼랑에서 나는 기이한 지질을 발견했다. 화강암 단층은 수평이었는데 몇몇 다른 바위기둥들은 분명 수직으로 곧추서 있었다. 그래서 벼랑의 전면은 다소 이상한 형태를 띠었다.

이 평원 위에 1592년 일본인이 침략했을 때 조선인과 일본인이 큰 전투를 벌인 장소가 있었다. 잔디로 덮인 거대한 무덤은 양측의 사망한 전사들이 잠들어 있는 곳으로 아직도 정성들여 돌보고 있었다. 윤은 우리에게 그 전투에서 사망한 사람이 1만 8000명이라고 말해주었다. 나는 일본 요코하마에서 일본인이 조선의 역사를 간추린 진기한 작은 책을 구입한 적이 있었다. 그 책에는 수년 간 일본에 헌납된 조공 물품의 내용이 들어 있었다. 물품들은 다음과 같다. 인삼이 담긴 황금 상자 1괘, 아름다운 말 3마리, 흰매 40마리, 진주와 기타 귀중한 보석으로 장식된 황금 손궤에 담긴 조선어로 된 두루마리나 편지, 호랑이 가죽 40장, 손가락 길이만 한 호랑이 털. 이에 반해 중국에 바친 조공은, 봉신의 가난함 때문에 중국이 강요하지는 않지만 금 100온스, 은 100온스, 쌀 1만 가마, 비단 2000필, 리넨 300필, 능직이나 무명 1만

필, 아마포 400필, 세마포細麻布 100필, 두 쪽짜리 큰 종이 두루마리 1000개, 작은 종이 두루마리 1000개, 좋은 칼 2000자루, 황소 뿔 1000개, 화문석 40장, 물감용 목재 200파운드, 후추 10부셸, 호랑이 가죽 100장, 사슴 가죽 100장, 비버 가죽 400장[79], 푸른 두더지 가죽 200장이다.

낮 11시쯤에 우리는 이 평원의 끝에 도착했고, 논으로 뒤덮인 또 다른 평야로 내려갔다. 이 평야는 우리 왼편에서 내륙의 언덕까지 약 3마일, 우리 오른편으로 약 3마일 떨어진 만 둘레로 5~6마일 뻗어 있었다. 언덕 아래로는 큰 마을들이 자리를 잡고 있으며, 평야를 가로질러 흙먼지 날리는 길이 구불구불 이어졌다. 전신주가 그 진로를 보이고 있다. 약 두 시간 전에 전신주가 다시 나타나자 우리는 기쁨으로 환호했다. 관개 수단으로 쓰이는 완만히 흐르는 작은 시내는 5~6피트 높이의 제방을 쌓았는데도 폭우 때 크게 넘치는 것을 볼 수 있었다. 사방에서 도요새를 보고 그 소리를 들었으며, 수많은 황새와 두루미가 무논을 헤집고 다녔다. 언덕은 곧 강기슭에 닿았으며, 길은 산기슭 아래로 구불구불 이어지다가 곧 또 다른 논들로 빠져들었다. 그 들판의 끝에서 우리는 원산 고을을 보고 기뻐했다. 그러나 우리는 그곳에 도착하기 전에 두 개의 강을 나룻배를 타고 건너야 했다. 여름철 비로 다리가 무너진 뒤 이제 겨우 다시 세우고 있기 때문이었다. 오월에서 구월까지 강에는 큰물이 쇄도할 가능성이 많아서 바닥틀과 때로는 말뚝도

해체하고 보관해 둔다. 일반적인 다리 형태는 하상에 말뚝을 두 줄로 박고 가로장을 대어 만든 칸막이 형태였고, 각재목으로 이루어진 바닥틀은 말뚝이나 거친 널빤지로 바닥판을 만들고 짚과 흙으로 덮었다. 바닥판은 몇 개의 큰 돌을 묶어 아래로 늘어뜨려 고정시켰고, 고정시키는 데에는 돌만 썼다. 그러나 흙으로 덮어 단단한 이 표면은 인마 통행으로 곧 부서진 빵 껍데기처럼 푸석푸석해졌고, 널빤지가 벌어져 생긴 틈새로 흙이 떨어졌다. 짚과 흙이 자주 부족하고, 나무 받침은 점점 벌어졌다. 그러나 짐승이나 사람이 발 디딜 곳만 있으면 보수할 필요는 없는 것으로 여겨졌다.

약 80야드 떨어진 곳에 있는 두 번째 강에는 알뜰한 조선인이 아주 많았다. 그들은 나룻배를 타는 데 드는 돈을 아끼고 또 어쩌면 시간도 아끼기 위해 (비록 조선에서 시간은 그다지 귀중하지는 않았지만) 허리춤까지 옷을 걷어 올리고 비틀거리면서 강을 건넜다. 커다란 검은 모자와 흰 성의, 긴 담뱃대, 옷을 걷어 올려 맨 살이 드러난 다리. 강을 건너는 사람들이 보여주는 광경은 기묘했다. 상류로 조금 더 올라간 지점에서 서너 명의 여인이 남자들과 떨어져 마찬가지로 비틀거리면서 강을 건너고 있었다. 신장이 더 작았으니 그 여인들은 분명 '저고리' 외에 아무 것도 걸치지 않았을 것이다. 하층 신분의 원주민 여성이 입는 옷은 무명천이나 맨체스터 직물로 만든 매우 헐거운 바지 또는 긴 속바지로 발목까지 내려왔고 허리에 끈을 둘러 고정시켰다. 그 위에 종아리까지 내려오는 속치마를 입었다. 어깨에는 소매가 있는 저고리를 걸쳤는데, 가슴을 가렸지만 너무 짧아 젖가슴을 드러냈다. 이 특이한 옷차림 때문에 우리는 종종 젖가슴에 난 끔찍한 상처를 보았고 충격을 받았다. 상처에는 때로 푸른색 고약이 덮여 있었다. 그러나 상처를 보고도 무시한 적이 더 많았다. 원산 북쪽에서 의복은 여전히 그대로였지만 그렇게 많은 상처를 거의 보지 못했다. 혼기가 찬 처녀들은 (격리되어 있어 기회가 잦지는 않지만 보게 되면) 일종의 띠로 몸을 둘러 젖가슴을 가린다. 여인들은 머리털을 길게 땋아서 머리에 두른다. 양반 여성의 의복에 대해서는 알지 못한다. 심지어는 농민의 경우에도 열두 살에서 열여섯 살 사이의 처녀는 거의 보지 못했으며 보았다고 해도 먼발치에서 보았다. 서양 사람이 보기에 조선의 여인은 섬뜩했다. 아이들까지도 그러했다. 반면에 소년들은 소수의 성인 남성들처럼 매우 잘 생겼다. 조선의 여인은 그저 남성에게 필요한 것을 제공하는 유용한 도구에 불과했다. 결혼은 거래이며 정절은 부인에게만 요구된다. 남편은 첩을 둘 수도 있고 다른 형태로 성적 쾌락을 즐길 수 있다. 그러나 아내는 죽을 만큼 고통을 받으면서도 정절을 지켜야 했다. 아내의 역할은 아이들을 양육하고 일찍 일어나서 늦게 잠자리에 들고 밭과 정원, 집, 외양간을 정리하는 것, 요컨대 모든 일을 다 하는 여자가

[춤추는 소녀와 음악가]

되는 것이다. 사정이 이러하니 일하는 계층의 여성들이 이른 나이에 주름이 지고 노파처럼 되는 것은 당연하다! 양반 여성은 이렇지 않았다. 엄격하게 격리되어 생활하는 양반 여성은 아무 일도 하지 않으며 남편과 부모, 여성 친구들 이외에는 만나지 않는다. 과부의 재혼은 엄밀히 금지되었다. 이 때문에 때로 추문이 일거나 여성이 죽는 일도 있었다. 토양은 전반적으로 매우 비옥하고 조선인에게 필요한 것은 너무 적어서 농민의 남자는 연 평균 여덟 달을 잡담하고 담배 태우는 것 외에는 아무 일도 하지 않고 지냈으며, 파종기와 수확기가 나머지 넉 달을 꽉 채웠다. 그러나 여성과 아이는 집 안에서나 집 밖에서나 늘 일을 했다. 조선인은 아름다움의 요점으로 손과 발의 작은 크기를 강조한다. 내 생각에 이것은 조상 대대로 육체노동에서 면제되어 고귀하게 자랐음을 보여주는 증거였다. 중국인들은 게으른 지식인과 귀족에 속한 증거로 하층의 인간들과 구별되게 맹금류의 발톱처럼 긴 손가락을 즐겼다. 하층 신분 사람들은 너무나 격이 떨어져 맨손으로 고된 노동을 해야 했으며 따라서 손톱이 짧았다. 그러나 우리는 조선의 관료들이 긴 손가락을 즐기는 것을 보지 못했다. 반면에 우리가 실제로 목격한 것은 조선의 고위 관료들의 빈틈없이 깨끗하고 조심스럽게 돌본 잘 생기고 부드러운 흰 손이었다. 이와는 대조적으로 우리의 손과 손톱은 겉보기에 크고 억셌으며 햇볕에 그을리고 지저분했다. 이 점을

[밭 갈기와 씨 뿌리기]

우리는 매우 고통스럽게 인식했다. 온수 공급은 적었고 지저분한 마구와 소총, 랑군 기름(Rangoon oil), 탄창, 상자들, 꾸러미들을 늘 만지고 먼지와 뜨거운 햇볕과 차가운 바람에 항상 노출되어 있으니 손을 깨끗하게 유지하기 위해 할 수 있는 일을 한다고 해도 손은 늘 끔찍한 몰골이었다.

제 4 장
원산

마침내 원산에 도착했다. 그달 10일이었으므로 장날이었다.(장날은 닷새에 한 번 있었다.) 우리가 도착했을 때 매매가 한창이어서 군중 사이로 헤치고 지나가는 게 상당히 힘들었다. 마침내 주민이 1만 5000명인 이 고을을 지나자 전방 1마일 앞에 유럽식의 가옥과 깃대가 보였으며 항구에는 기선도 한 척 있었다. 멀지 않아 또 다른 강을 건넌 뒤 일본 조계租界에 당도했다. 작고 깨끗한 목조주택과 도로, 정성 들여 가꾼 정원이 있었다. 마침내 우리는 해관에 당도했으며 이곳에서 세관리 브레이저 씨의 따뜻한 영접을 받았다.[80] 브레이저 씨는 우리에게 해관장대리인 오이젠 씨[81]가 그날 오후 일본으로 6주간 휴가를 떠날 예정인데 자신의 집을 우리 마음대로 사용하라고 했다고 전했다. 오이젠 씨는 예전에 실론 여행길에서 만난 적이 있었다. 우리는 오이젠 씨 댁으로 향했다. 점심을 먹고(맥주는 얼마나 좋았던가!) 오이젠 씨와 함께 덕원 부사를 방문하러 갔다. 부사는 이곳의 감리였다. 관아는 오이젠 씨 집에서 가까웠다. 그래서 우리는 한자로 쓰인 우리 명함을 보낸 뒤 안으로 안내되었고, 외무부의 서한[82]을 제시하면서 통역인 '중보'[83] 편에 우리가 무엇을 하러 왔는지 설명했다. 부사는 매우 정중했으며 우리에게 파발마를 주겠다고 제의했다. 그러나 우리는 빚지고 싶지 않았으므로 그의 제의를 거절했다. 파발은 시골사람들이 어떻게 짓밟혔는지 보여주는 악명 높은 사례였다. 모든 주요 도로를 따라서 10마일 간격으로 마을에 역참이 설치되어 있었다. 대개 촌장이 맡은 '역장驛長'[84]은 관리나 기타 공적 비용으로 여행할 것을 허가하는 서한을 지닌 자에게 말과 숙식을 제공했야 한다. 여행자가 말을 여러 마리 데려올 경우 말과 그 수행자들도 무료로 숙박시켜야 한다. 말은 대체로 대기하지 않고 들이나 다른 곳에서 일한다. 따라서 말이 요청되는 경우 시간의 지체가 발생한다. 추수하거나 쟁기질을 하고 있는 가난한 마을 주민들에게서 필요한 수의 말과 수행자를 빼내 와야 하기 때문이었다. 내가 알기로 조선의 관리들은 한 푼도 지불하지 않는다. 그러나 우리

원산 덕원부 관아.

는 파발마를 쓸 수밖에 없을 때에는 일정한 액수를 지불했다. 대체로
말은 마리당 하루 100냥이었다. 숙박비도 언제나 지불했다. 이것은 조
선을 여행하는 유럽인에게 있어서 분명히 일반적인 현상이다. 친절한
관리와 같이 담배를 피운 후 우리는 자리에서 일어나 집으로 가서 씻
고 옷을 갈아입었다. 여드레 동안 사냥용 장화를 신고 총개머리만 들
고 다니다가 안락한 방에다 큰 욕조에서 목욕도 하고, 깨끗하고 편안
한 옷까지 입으니 이 얼마나 사치였나!

　오이젠 씨의 집은 그의 전임자가 지은 조선 가옥이다. 지붕은 작은
수직 기둥들과 거대한 대들보를 장부촉[85]으로 이어 만들었다. 전면에
는 툇마루, 한쪽 측면에는 작은 온실이 있었고 뒤쪽에는 외양간과 채

마밭이 자리를 잡았다. 집은 작은 시내 골짜기의 사면에 지었다. 방향은 동쪽에서 약간 남쪽으로 틀었으며, 뒤쪽과 양 옆의 낮은 언덕은 겨울의 모진 북풍과 북서풍을 막아주었다. 왼편으로 약 20야드 아래쪽에 관아가 자리했고, 약 50야드 더 나가면 오른편으로 브레이저 씨의 작은 집이 나온다. 그 집은 언덕 사면을 깎은 대지에 서 있었다. 시내의 양쪽에는 조선인이나 일본인 소유의 채소밭이 있었고 두 유럽인 소유의 가축을 가둔 우리도 있었다. 오이젠 씨는 황새 한 마리와 상당히 많은 거위와 오리와 닭을 길렀고, 브레이저 씨는 두루미와 사슴(Muntjac) 각 한 마리와 많은 가금을 길렀다. 50야드를 더 가면 일본인 소유의 작은 집이 한 채 나오는데, 그 집에 관해서는 무시무시한 이야기가 나돌았다. 이 이야기는 시냇물과 관련이 있었다. 1890년 개항장에 콜레라가 매우 심하게 나돌았을 때 (부산에서 콜레라에 감염된 일본인 180명 중 140명이 사망했다.) 부산 해관장과 그의 아내, 딸이 오이젠 씨의 손님으로 그 집에 묵고 있었다.[86] 어느 날 저녁에 모두 툇마루에 앉아 있는데 오이젠 씨는 조선인 몇 사람이 관아에서 무언가를 시냇가로 운반해 씻는 것을 보았다. 부사의 하인 한 명이 콜레라를 매우 심하게 앓고 있다는 말을 아침에 들었는데 그 조선인들은 죽은 자의 몸을 씻고 있었던 것이다! 오이젠 씨는 저녁 식사가 일찍 준비되었다고 핑계를 대고는 손님들을 서둘러 안으로 들여보냈다. 이튿날 아침 오이젠

동북동쪽으로 바라본 원산.

씨는 아래쪽 작은 집에 사는 일본인이 콜레라로 죽어가고 있다는 것을 알았다. 그때 그 일본인의 아내가 남편의 저녁을 준비하기 위해 시냇가에서 채소를 씻고 있던 장면이 오이젠 씨의 머릿속에 떠올랐다. 몇 야드 위쪽에서 시체를 닦고 있던 바로 그때였다!

원래의 원산 고을은 라자레프 항[87]의 남단에 있으며, 동해안과 내지 교역의 큰 시상이 서는 곳이다. 그 니미 동쪽으로 해변의 모래사장에까지 평야가 뻗어 있다. 겨울이면 이 광활한 대지에 수많은 야생 조류가 날아든다. 해안의 다른 성읍처럼 이곳에서도 토산품과 그 외의 많은 물품이 판매된다. 이를테면 짚신, 모자, 고리버들 공예품, 과일, 신선한 생선과 말린 생선, 숯 꾸러미, 담배, 솜, 모시, 담뱃대, 값싼 장신구가 있으며 외국 상품으로는 맨체스터 직물과 독일제 바늘, 일본제 성냥, 값싼 거울, 작은 병에 담긴 물감, 등유, 담배 마는 종이와 이따금씩 일본 담배도 있었다.

우리는 외국인 조계에서 사업에 열정이 강한 중국인 아신Ah Sin 씨가 경영하는 가게를 발견했다. 이 가게에서 깡통에 든 수프와 잼 약간, 초 몇 다발, 밀가루 50파운드, 설탕 20파운드와 이 밖에 요리사가 시끄럽게 요구한 다른 요리 재료를 조달했다. 비상시에나 쓸 요량으로 가지고 다니던 우리의 비스킷은 바구미가 잔뜩 껴서 먹을 수가 없었다. 마침내 요리사는 우리에게 빵을 만들어 주었고, 우리는 막 구운 빵 몇 덩이와 토스트 몇 조각을 먹었다. 아신은 작은 호텔도 갖고 있었다. 세관의 승선 감시원들은 그곳에서 회식을 했다. 그들은 각자 작은 집을 지어 기거했는데, 노트 씨[88]는 집이 두 채였다. 한 채는 여름에, 조금 작은 다른 한 채는 겨울에 거주했다.

일본인은 약 700명이 영사의 감독을 받으며 조계에서 살고 있다. 일본 영사는 유럽과 동양의 양식이 뒤섞인 매우 멋진 집과 사무실을 갖고 있었다.[89] 그는 또 소총과 검으로 무장한 몇 명의 일본 경찰도 지휘했다. 일본 조계에는 보세 창고 하나와 니혼유센 주식회사의 사무실, 우체국이 있었다. 원산과 나가사키 사이에는 여름에 2주에 한 번, 겨울에 5주에 한 번씩 일본 기선으로 우편물이 왕래한다. 서울에서 때때로 인편에 의한 국내우편이 오기도 한다. 급행 공문서를 일본 우체

국을 통해 보내는 것은 안전하지 않기 때문이다. 듣기로는 때때로 일하는 자의 부주의로 편지가 봉인되지 않아 자격이 없는 자가 편지 내용을 알게 되었다.

영사 우 씨의 감독을 받으며 지내는 중국인은 50명쯤 되었다. 우 씨는 내 생각에 공사 증‸과 함께 영국에 온 사람이었다.[90] 중국인들은 일본을 저지할 소규모의 경찰 병력을 구성하고 있었다.

조선은 일본인과 중국인이 관리한다. 조선의 주민이 어느 민족을 가장 혐오하는지 말하기는 어렵다. 그렇지만 조선인은 중국인을 더 무서워한다. 중국인은 지배 국가 소속이라는 듯 언제나 거만한 태도를 보였다. 조선의 국왕은 중국 황제의 봉신이지만, 두 사람 모두 '천자'라는 칭호를 쓰고 있다. 1884년에 서울에서 일종의 혁명이 일어났다.[91] 수도의 두 파벌이 꾸민 음모가 원인이었다. 한 편은 개화파로 일본이 부추겼으며, 다른 한 편은 수구파로 중국의 지원을 받았다. 개화파는 중전의 집안인 민씨 가문을 타도하려 했다. 당시 장관인 민영익을 거의 죽일 뻔했고 (우리가 홍콩에서 만난 그는 친절하게도 조선의 친척에게 보일 소개장을 써주었다.) 궁궐을 거의 장악했지만 뒷문으로 피신한 임금은 잡지 못했다. 이 폭동에서 많은 사람이 죽었다. 중국과 수구파의 승리로 일본의 새 영사관이 불탔고, 일본인들은 밤을 틈타 제물포로 도망하여 영국 전함에 피신해야 했다. 이로써 이 사건은 종결되었다. 서울의 중국인 주차총리 위안 씨는 약 200명의 병사로 구성된 호위대를 보유하고 있었다. 대부분 그의 하인이지만 모두 훈련을 받았으며 무기도 충분했다. 일본의 공사도 같은 규모의 호위대를 보유하고 있었다. 1887년에 비슷한 시도를 벌이려는 생각이 있었다. 일본인들이 수군과 야포를 도시 안으로 몰래 들여오려다가 발각된 사건이었다. 1885년 중국과 일본 사이에 체결된 조약을 보면 어느 나라도 조선에서 군대를 보유할 수 없었고, 조약 당사국에 사전에 고지하지 않고는 군대를 파견할 수도 없었다. 그러나 두 당사국 모두 호위대와 경찰을 보유함으로써 교묘하게 이 조약을 회피했다.

우리는 일요일 아침에 식사를 마친 뒤 곧 마부들에게 아직 지급하지 않은 15달러를 주었다. 추가로 줄 수 있다고 한 1달러는 주지 않았다. 위스키 한 병을 깨뜨린 데 대한 벌이었다. 이제야 우리는 그들이 왜 가장 힘든 길을 택했는지 깨달았다. 길 위에 그토록 오래 있었으니 품삯을 추가로 받아야겠다는 뜻이었다! 그러나 마부들은 추가 품삯을 받지 못했다. 서울에서 원산까지는 대로로 가면 525리로 추산되는데, 날씨가 좋으면 엿새 만에 쉽게 당도할 수 있는 거리다. 그런데 우리는 거의 같은 거리를 오는 데 이레 하고도 반나절이 더 걸렸다. 나는 얼마 전에 오이젠 씨에게 서한을 보내 우리에게 조랑말을 구해 줄 수 있는지 물었고, 우리가 언제 떠날 것인지 알려 주었다. 엿새가 지나도 우리가 나타나지 않자 오이젠 씨는 서울에 전보를 쳐서 우리가 출발했는지 알아보았고, 우리가 9월 5일에 떠났다는 답변을 듣자 무엇 때문에 도착이 지연되는지 상당히 궁금하게 여겼다.

원산~서울 전신은 제물포까지 간다.[92] 내 생각에 즈푸나 톈진까지 해저 선로가 부설 중이거나 이미 부설되었을 것이다. 부산에서 나가사키 사이에는 선로가 이미 깔렸다. 서울 선로를 함흥과 블라디보스토크까지 연장하자는 제안이 있었다. 우리는 도로가에 전신주가 쌓여 있는 것을 보았는데 이 중 여러 개는 땔감으로 사라졌고 나머지는 터무니없게도 장난으로 말미암아 잿더미로 변해 있었다. 원산의 전신은 조선인이 작동시킨다. 사무실은 관아에 있으며, 영어가 사용된다. 지금은 중국어 부호를 신호로 보내는 일이 불가능하기 때문이다!

북쪽으로 가는 조랑말의 임대료로 요구된 액수는 10리에 130냥으로 하루에 80리를 진행한다고 계산하고 대달러 환율이 555냥이니 하루에 거의 2달러인 셈이다. 우리는 그만큼 지불할 생각이 없었고, 역장 또한 값을 내릴 생각이 없었다. 그러나 부사는 임대료를 조금 깎아 주겠다고 약속했다. 유 씨는 여행할 때 10리에 80냥을 지불한 듯하고, 일본 영사는 겨우 40냥을 지불했다고 말했기 때문이었다. 북으로 가는 교통은 좋지 않았으며 얻을 수 있는 음식은 질이 조악했기 때문에 비용 차이가 발생했다. 우리는 서울에서 오는 비용으로 겨우 39냥을

[모자 띠 만드는 사람]

[모자 만드는 사람]

지불했다. 우리는 그로스버너Grosvenor의 서부 중국 여행기를 떠올리면서 10리에 80냥을 주겠다고 제안했지만 무위로 돌아갔다. 그 이야기는 중국과 조선의 부정확함을 완벽하게 대표하므로 되풀이한다고 해도 용서될 것이다. 그로스버너는 두 지점 사이의 거리가 어느 쪽 끝에서 출발하는가에 달렸다는 말을 들었다. 이를테면 A에서 B까지는 1마일이지만, B에서 A까지는 3마일이 될 수 있었다! 어느 영리한 원주민은 이렇게 설명했다. 마일당 액수가 높은 운임의 경우 도로가 오르막길이면 일꾼에게 조금 더 많이 지급했어야 한다. 그러나 도로의 경사도에 의거해 운임을 결정하기가 곤란한 경우에는 길의 험한 정도에 따라 목표 지점이 더 멀리 있다고 가정하는 것이 더 편리하다. 그로스버너는 만일 그런 식이라면 비 내리는 날씨에는 분명 길이 더 길어질 것이고 또한 낮보다는 밤에 더 길어질 것이 아니냐고 따졌다. 그가 얻은 답변은 이렇다. "정확히 그렇다. 그렇지만 추가로 조금만 더 지불하면 될 것이다!" 그로스버너는 요율이 대략 이와 같음을 알았다. 평지에서는 법정 1마일이 2리에 해당하고, 일반적인 언덕길에서는 5리에 해당하지만, 매우 가파른 길에서는 15리까지 늘어난다.

일요일 밤에 브레이저 씨가 만찬을 베풀었다. 참석자는 우리와 덕원 부사, 우 씨, 일본 영사였다. 한 식탁에 스코틀랜드인, 아일랜드인, 잉글랜드인, 조선인, 중국인, 일본인이 함께 앉았으니 참으로 기묘한 조합이 아닌가! 부사는 사나이답게 음식을 들었다. 온갖 술을 다 마셨지만 종류별로 딱 한 잔씩만 마셨다. 부사의 의복은 근사했다. 푸른색과 심홍색의 비단으로 만든 관복에 흰색 바지를 입었다. 가는 털로 짠 모자에는 호박 구슬을 꿴 긴 줄이 부사의 목 아래로 원을 그리며 매달려 있었다. 관리가 관인印 없이 움직이는 일은 없었다. 관인은 사동이 부사가 앉은 의자 아래에 놓아두었다. 사동은 열여섯 살의 소년으로 머리를 길게 땋았으며 상전의 담뱃갑과 안경집, 지갑을 허리에 매달았다. 저녁 식사 후 부사는 길고 곧은 담뱃대에 불을 붙여 우리의 담배를 몇 모금 피웠다. 물부리는 호박으로 만들었다. 부사는 독한 우리 담배에 크게 감명 받았다. 조선 담배는 매우 순하다. 품질은 대체로 우수하지 않았지만, 최상품은 꽤 괜찮은 담배였다. 가난한 계층 사람들은 담뱃잎을 햇볕에 말려 잘게 부순 가루담배를 피웠다. 나는 원주민으로부터 여러 번 보통의 담배를 조금 받아 피워보았다. 불타는 엽궐련을 피우는 것은 해롭지 않았고 비교적 유쾌한 경험이었다.

부사의 안경은 지름이 약 2인치로 수정 렌즈를 커다란 호박 틀에 끼워 넣은 것이다. 값은 전부 합해 15달러(약 7500냥) 정도 나갔다. 관리들은 한 편으로 먼지와 눈부신 빛 등으로부터 눈을 보호하기 위해 안경을 착용하지만 주된 이유는 위엄을 드러내기 위함이었다. 식당에 들여놓은 또 하나의 물품은 둥근 놋쇠 단지였다. 우리는 처음에 그 용도를 파악하지 못했는데, 손님을 위해 요강을 가져다 놓는 것이 풍습이라는 사실을 나중에 알게 되었다. 부사는 서울의 부유한 가문 출신으로 남서쪽으로 약 3마일 떨어진 덕원에 거주한다. 부사는 그곳에서 오전 10시에 교자에 올라 출발한다. 열두 명 이상의 종자들이 지등紙燈을 들고 수행한다. 부사의 수행자에는 약 일흔 명의 '군사'들이 포함된다. 군사들은 부사를 위해 잡무를 처리하며 부사의 지위와 존엄을 돋보이게 한다. 부사가 친절하게도 이 군사들 중 한 사람을 보내어 우리를 보살피고, 길을 안내하며, 우리 일행의 여행이 중요하다는 점을 드러내도록 하겠다고 했다.

우리는 이곳에서 돈을 얻는 데 약간의 어려움을 겪었다. 이곳의 일본 제일국립은행 지점이 우리의 신용장을 저당으로 돈을 지급할 수 없기 때문이었다. 이 문제는 우리가 세관의 힌체Hintze 씨와 노트 씨에게 일본 화폐 300엔을 받는 대신 홍콩상하이은행의 수표를 내놓음으로써 해결되었다.[93] 이 중 100엔을 1엔에 555냥의 환율로 환전했으나 이것으로도 충분하지 않았다. 부사와 마부들 및 조선의 법전인 대전회통大典會通[94]에 따르면 우리 행선지인 원산에서 장진까지의 거리는 800리였는데 우리는 650리로 추산했다. 이 나라의 지도로 믿을 만한 것은 없다. 측량된 적이 없기 때문이었다. 제일 좋은 지도는 러시아의 참모부 지도이다. 1875년에 간행된 일본의 공무용 지도를 토대로 제작한 이 지도에는 일본 지도에 나타난 오류가 되풀이되고 있으며 자체의 고유한 오류가 몇 가지 추가되었다. 서울에서 이탈리아 영사는 우리에게 오래된 조선 지도를 보여주었다.[95] 2~3마일이 1인치에 해당하는 매우 큰 축적의 지도로 전부 18장이었다. 일본 지도도 내륙에 관해서는 어느 정도 그 지도에 의존했지만 일본 상인들이 장사하느라 늘 돌아다니면서 잘못된 표기를 많이 교정했다. 1리는 올바로 측정하면 약 486야드이지만 수도와 얼마나 가까이 있는가에 따라 크게 달랐다. '조선의 심장부'에서 멀어질수록 1리도 더 길어진다. 결국 북쪽과 남쪽의 끝에 가면 1리는 555야드나 되고, 반면에 산악 지대에서는 약 430야드로 줄어든다. 결과적으로 두 지점 사이의 거리는 직접 그 길을 가보지 않고는 제대로 측정하기가 불가능하다. 조선인은 또한 거리에 관해서 극단적으로 무감각하고 무지해 한 장소에서 다른 장소로 가는데 얼마나 걸리는지 전혀 주목하지 않는 듯했다. 부사는 말 임대료를 마리당 10리에 110냥으로 낮추는 데 성공했다. 우리는 그 액수에 동의해야 했지만, 조랑말의 수를 여덟 마리로 줄이기로 결정했다. 굿 애덤스와 나는 교대로 타고 가기로 했고, 하인들과 군사는 걷기로 했다. 마부들은 말 한 마리에 7000냥, 즉 636리의 임대료를 선불해줄 것을 요구했고, 우리는 내줄 수밖에 없었다. 그래서 추가로 20엔을 더 환전해야 했다. 이 나라의 통화는 주화인데, 우리가 방문할 당시 550~560멕

시코달러나 일본 엔화와 같았다. 그러나 서울에는 자체의 통화가 따로 있었다. 1890년에 주조된 새 동전으로 왕명에 의거해 옛 동전 5냥과 동일했다.[96] 그러나 실질적으로는 옛 동전보다 가치가 적었고, 너무 약해서 바닥에 떨어뜨리면 깨지는 일이 잦았다. 우리가 서울에서 달러를 이 주화로 바꿀 때 환율은 1달러에 닷 냥짜리 650개였지만, 이 동전은 원산이나 부산에서 사용되지 않았다.

원산을 떠나기 전날에 우리는 조랑말을 걷게 해보았는데 꼴이 한심했다. 몇몇 경우에는 등의 까진 상처가 너무 심해 구역질이 날 정도였다. 우리는 같이 가기에 너무나 상태가 나쁜 두세 마리에 대해 퇴짜를 놓아야 했다.

우리는 이곳에서 호랑이와 표범에 관한 이야기를 여러 번 들었다. 겨울이면 이 짐승들이 먹이를 찾아 산에서 들로 많이 내려오기 때문이다. 안변 도호부에서부터 원산에까지 뻗어 있는 안변평야에서 이 짐승들이 종종 덫에 걸려 죽는다. 1890년에 표범 가죽 일곱 장, 호랑이 가죽 서른 장, 살아 있는 호랑이 세 마리가 이곳에서 바닷가로 보내졌다. 그리고 이 나라에 그런 동물들이 흔하다는 사실을 증언하듯이 같은 해에 그 동물들의 가죽 예순일곱 장이 제물포에서 수출되었다. 어느 겨울 밤에 호랑이 한 마리가 오이젠 씨 침실 창문 밑으로 가까이 지나가서 브레이저 씨의 가금을 잡아먹으려 했다. 또 다른 밤에 호랑이

한 마리가 노트 씨의 개 한 마리를 잡아갔다. 화가 나서 소총을 집어 들고 나간 노트 씨는 그 도둑이 집 바로 위쪽 언덕에 서 있는 것을 보았다. 노트 씨는 호랑이를 향해 한 발 발사했지만 아무런 해도 입히지 못했다. 다른 계제에 브레이저 씨는 부락의 바로 뒤로 사냥하러 나갔다가 우연히 평야를 가로지르는 표범 한 마리와 마주쳤는데 그냥 내버려두었다. 현명한 행동이었다. 다른 이야기가 또 하나 있다. 우 씨는 뛰어난 암컷 거위 몇 마리와 매우 사나운 수컷 거위 한 마리를 기르고 있었는데, 밤에 그다지 조심스럽게 가두지 않았다. 말하자면 수컷 거위는 자신을 보호할 수 있을 정도로 강했다는 말이다! 곧 호랑이 한 마리가 거위 우리에 와서 수컷 거위와 암컷 거위 두 마리를 물고 갔으며 그의 집 뒤 언덕에서 게걸스레 먹어치웠다.

우 씨는 원주민이 사용하는 호랑이 포획 기구를 가지고 있었다. 통나무를 튼튼하게 고정시켜 만든 우리였다. 한쪽 끝에 단단한 말뚝으로 칸막이를 만들어 막고 흙과 돌로 눌러 놓는다. 그리고 그 칸막이 안에 돼지 한 마리를 묶어 놓는다. 다른 쪽 끝은 돼지 울음소리에 이끌린 호랑이나 표범이 들어오도록 열려 있다. 짐승은 어지간히 들어왔다 싶으면 줄을 누르게 되고, 그러면 문을 들어올리고 있는 다른 줄이 풀어지면서 우리의 문이 닫힌다. 짐승은 우리가 좁아서 몸을 돌릴 수 없으며 돼지를 먹을 수도, 도망칠 수도 없다. 결국 굶어 죽거나 원주민의 창 세례를 받고 죽는다. 이 짐승들은 인간의 삶에 너무나 해롭기 때문에 원주민들은 땔감을 하러 갈 때면 무리를 지어 가고, 저녁에 헤어지기 전에 마을 근처에서 만날 약속을 한다. 각자 엄청난 양의 땔감을 지고 오는 주민들은 산중턱에서 야생 동물에게 죽임을 당해 돌아오지 못한 사람은 없는지 찬찬히 인원수를 헤아린다. 이런 경험이 있는데도 주민들은 호랑이에 대해 질문을 받을 때마다 우리에게 그 짐승들을 찾으러 갈 의향이 있다는 의심이 드는 즉시 한결같이 아는 바가 없다고 고개를 돌렸다.

러시아의 연안 기선 한 척이 우리가 떠나기 전날에 들어왔다. 그 편

호랑이 덫.

에 들어온 새 소식에 따르면 시베리아횡단철도에서 일하던 죄수 열여섯 명이 탈주해 블라디보스토크 인근에서 사람들을 살해하고 옷과 돈을 빼앗았다. 프랑스 해군 장교 한 명과 중국인 및 일본인 몇 명이 이미 희생되었으며 주민들은 공포에 사로잡혀 있다. 사정이 그러한데도 연발권총은 구할 수 없다. 사랑을 위해서도, 돈을 위해서도 구할 수 없다. 우리는 원산으로 남하하는 탈주범들을 만날 가능성이 매우 높으니 조심하라는 말을 들었다. 나중에 이곳에 다시 돌아왔을 때 도망자 전원을 체포했다는 사실을 알게 되었다. 탈출한 죄수들은 프랑스 장교의 장례식에서 연주하던 악단의 악장을 살해하고 도주한 뒤 체포된 것이다. 몇 명은 교수되었고, 나머지는 수은 광산 다음으로 잔혹한 곳인 사할린 섬으로 보내져 죽음보다 훨씬 더 가혹한 처벌을 받았다.

제 5 장
원산에서 장진까지

9월 15일 화요일. 우리는 아침 7시에 조랑말을 대기시키라고 명령했지만 말은 오전 10시나 되어서야 도착했다. 그렇지만 우리는 말을 보고서 기뻐했다. 키가 14핸드 정도 되는 회색 암말이 우리가 탈 말이었다. 마부들이 짐이 너무 무겁다고 투덜거려 한참 옥신각신한 끝에 10시 20분에 출발했다. 우리 하인들이 부추긴 탓이었다. 우리는 서울에서 올 때 조랑말 여덟 마리가 짐 전부와 세 명의 하인을 날랐는데 지금은 조랑말 일곱 마리가 400파운드나 덜 나가는 짐을 나를 것이라고 설명했지만 쓸데없는 짓이었다. 불평의 진짜 이유는 우리 하인들이 걸어가기를 원치 않는다는 것이었다. 하인들은 우리가 모르는 사이에 말을 타고 갈 수 있도록 조치를 취했다. 이에 대해서는 조금 뒤에 설명하겠다.

우리의 계획은 정평定平으로 간 다음 그곳에서 장진長津으로 빠져 압록강변의 삼수三水까지 가는 것이었다. 사고만 나지 않는다면 보름 만에 이 거리를 주파할 수 있으리라고 생각했다. 그 다음 삼수를 기지로 삼아 압록강 건너편 만주에서 사냥을 조금 즐기고 싶었고, 이어 점차 진행해 혜산惠山을 거쳐 보천甫天에 이를 작정이었다. 굿 애덤스와 나는 장백산이라는 다른 이름으로 부르기도 하는 백두산에 오를 욕구에 사로잡혔다. 제임스 씨의 책 『장백산』에 기술된 대로라면 1887년에 영 허즈번드 대위와 풀퍼드 씨, 제임스 씨가 백두산을 등정했다.[97] 나는 10월 말까지 원산으로 돌아와 일본으로 가야 했다. 홍콩의 지휘관 장군에게 휴가 기간을 최대한 짧게 하겠다고 약속했기 때문이다. 반면 굿 애덤스는 우리가 헤어진 뒤에 사냥할 것이 있으면 북쪽에 더 머물렀다가 11월 말쯤 원산이나 서울로 돌아갈 생각이었다. 굿 애덤스의 휴가는 12월 15일에야 끝나기 때문이었다.

친절한 브레이저 씨는 우리와 헤어지기 전에 굿 애덤스에게 자신의 긴 양가죽 외투를 가져가라고 고집을 부렸다. 굿 애덤스는 나와 헤어지기 전에도 그 외투가 매우 따뜻하고 편안하다는 것을 알고 있었다.[98]

브레이저 씨는 이 밖에도 우리에게 위스키 네 병을 주었고, 비트beet 뿌리와 무, 매우 좋은 토마토 몇 개를 담은 바구니를 들고 나와 우리를 배웅했다. 우 씨도 우리에게 은으로 된 '말굽은sycee'이라고 하는 '편자' 모양의 은銀을 빌려주었다. 말굽은은 순은으로 된 괴로, 필요할 때마다 일부를 떼어 현금으로 바꿀 수 있다. 모양이 중국의 편자와 약간 비슷해 이러한 이름이 붙었다. 말굽은의 가치는 약 80엔이었고, 우리는 말굽은을 가지게 되어 매우 기뻤다.

논벌을 넘고 도호부 관아가 있는 덕원을 지나 내지로 발걸음을 옮겼다. 덕원은 스코틀랜드 전나무가 심어진 400야드 길이의 거리로 다가왔다. 여기에서 우리는 걸어서 강을 건너야 했다. 겨울을 대비해 다리를 다시 거둬들이고 있었기 때문이다. 나는 암말을 타고 건넜고, 굿 애덤스는 사람의 등에 업혀 건넜다. 우리는 요리사와 통역관 및 군사를 두고 왔다. 이들은 자신들의 용무를 보느라고 늑장을 부렸다.

이 충적평야는 해변에서부터 내륙으로 4~5마일 들어간 곳에까지 뻗어 있는데, 군데군데 바다로 내닫는 낮은 구릉으로 끊겼지만 멀리 용흥강龍興江까지 계속되었다. 우리가 볼 때 이곳의 화강암 구릉은 주로 빙하 활동 때문에 그런 모양을 띠게 되었다. 거대하고 둥근 바위가 수없이 많았는데 그 놓인 자리는 이러한 가설로만 설명된다. 그 파인 홈과 잘린 단면은 어떤 풍화 작용으로도 가능하지 않은 것이었다. 게다가 이 평야의 한가운데에서 우리는 둥글둥글한 돌 더미를 발견했다. 빙퇴석의 잔해로 짐작되었기 때문에 우리는 빙산의 밑바닥이 이 평야에 있었으리라고 추정했다.

길은 넓고 수월했다. 예외가 있다면 논벌이 넘쳐 도로가 진창으로 변한 곳이었다. 우리는 지경 마을[99]을 지나간 뒤 문천文川에서 밤을 보내기 위해 멈추었다. 강의 좌안에 천막을 친 뒤 굿 애덤스는 장대를 들었다. 우리는 강 상류로 1마일 남짓 산책했다. 이날은 더웠고 그래서 우리는 목욕을 하고 싶었다. 그렇지만 주변에 사람이 너무 많아서 할 수 없었다. 여인들은 빨래를 하고 있었고, 아이들은 나무 작살로 물고기를 잡고 있었다. 아이들의 피부는 볕에 그을려 갈색이었다. 우리는 벌거벗은 개구쟁이들이 맑은 물에서 작살을 던져 작은 물고기를 잡는 광경을 볼 수 있었는데 그 정확성은 놀라웠다. 우리는 또 갓 잡은 연어를 들고 가는 남자를 보았다. 그는 팔기를 거부했다. 굿 애덤스도 낚아보려고 애썼으나 강은 그의 노력에 아무런 보상도 해주지 않았다.

그날 밤 저녁을 먹는 중에 요리사가 우리에게 '마문馬文'[100]을 제시했다. 문서를 보유한 자에게 일정 수의 파발마를 제공하라는 공문서였다. 요리사 말로는 덕원 부사가 우리 하인들 편에 보냈다고 했다. 우리 짐작에 이 일에 뭔가 음험한 의도가 있었다. 그래서 우리는 이

틀 후 영홍永興[101]에서 브레이저 씨에게 편지를 보내 서한의 의미가 무엇인지 알아봐달라고 부탁했다. 한 달 후 원산에 돌아왔을 때 나는 덕원 부사가 우리 하인들의 피를 갈구하고 있음을 깨달았다. 짐작하건대 사정은 이러했다. 덕원 관아에 뒤처져 있던 우리의 통역자는 부사를 만나 우리 이름을 팔고 서한을 요구하면서 우리가 가져간 조랑말로는 충분하지 않다고 말했을 것이다. 부사는 아무런 의심도 하지 않았고, 우리가 출발을 서둘렀음을 알고 있었기에 직접 되돌아 올 수 없을 것이라고 생각하고 서한을 써 주었다. 허용된 말은 세 마리뿐이었다. 그런데 훗날에 이 불한당들이 삼三 자에 두 획을 추가해 오五 자로 만든 사실이 밝혀졌다. 나중에 굿 애덤스가 윤과 통역자를 데리고 갔을 때 부사의 노여움은 가라앉았으며 내게 말한 대로 이들을 처벌하지 않았다.

그날 오후 암벽 근처에서 무언가가 울부짖고 소란을 피우는 소리를 들었다. 고양이의 목 쉰 소리 같았다. 살펴보니 진흙탕을 이룬 넓은 개천의 반대편에 작은 뱀이 불쌍한 개구리 한 마리의 뒷다리를 물고 있었다. 뱀은 개구리를 단단히 물어 끌어당기기 위해 꼬리로 풀줄기를 휘감으려 했다. 개구리는 마른 땅으로 도망가기 위해 빈약한 작은 앞다리로 온 힘을 다해 갈대를 붙들고 있었다. 우리는 지팡이로 꽥꽥거리는 개구리를 풀어주고 싶었지만 개천이 우리가 건너기에 너무 넓기도 했거니와 이상하게도 집어던질 만한 크기의 작은 돌 하나도 눈에 띄지 않아 자기들끼리 문제를 해결하라고 내버려두고 떠날 수밖에 없었다.

유감스럽게도 우리가 읽을 수 없었던 위조된 서한 덕으로 이튿날 아침에 출발할 때 우리의 조랑말 행렬은 다섯 마리의 파발마를 더해 열세 마리로 늘어나 있었다. 내 몫으로 배정된 놈은 키가 11핸드 정도였는데 너무 작아서 소래원[102] 너머에 있는 작은 강을 나를 태우고 건널 수 없었다. 이러한 이유와 다소 모호한 추론 과정을 거쳐 벌거벗은 한 조선인이 군사에게 강제로 끌려왔으며 굿 애덤스가 나보다 돌 두 개만큼은 더 무거운데도 굿 애덤스의 큰 말은 내가 타고, 내가 아닌 굿 애덤스가 조선인의 등에 업혀서 강을 건넜다.

고원高原에서 점심을 먹느라고 낮 2시간 15분 동안 머문 다음 나룻배로 덕지강德池江을 건넜다.[103] 오후 4시쯤에 우리 왼편의 산 쪽에서부터 천둥과 번개가 치고 폭우가 내렸다. 우리가 여행하며 맞닥뜨린 유일한 이 폭풍우는 겨우 반시간 동안만 지속되었다. 작은 구릉을 두 개 넘었다. 이 중 하나는 용홍강의 두 지류를 가른다. 구릉을 넘어 우리는 다시 벼와 기장이 대량으로 재배되고 있는 비옥한 평야로 내려왔다. 약 6시간 만에 영홍 대도호부에 도착했다. 영홍에는 약 200호의 가구가 있었다. 도로에서 약간 떨어진 입구에 관의 건물이 하나서 있었다. 궁수들이 수령의 감독을 받으며 활쏘기 연습을 하는 활터에 지은 건물이었다. 활터의 길이는 150야드였고 전면에 경계석으로 표시했다. 그렇지만 지금 이 땅은 경작지로 쓰이고 있다. 우리는 이 건물 앞의 빈 터를 야영지로 선택했다. 그러나 이 선택은 무모한 짓이었고, 곧 크게 후회했다. 주민들이 떼로 몰려와 몇 시간 동안 우리 움직임을 관찰했는데, 건물은 구경하기에 매우 좋은 장소를 제공했다. 그렇지만 이곳은 부엌으로 쓰기에도 좋았고, 하인들의 잠자리로도 알맞았다.

우리는 비 때문에 이곳에서 꼬박 하루를 붙들려 있었다. 비는 이튿날 밤까지 계속 내렸다. 사냥감을 찾으러 강으로 간 자들은 홍머리오리 세 마리, 연분홍 따오기(Ibis Nippon) 두 마리(우리는 그 전날 아름다운 연분홍 따오기의 표본을 본 적이 있다.), 황금색 꾀꼬리 한 마리, 수많은 두루미, 황새, 가마우지를 구경만 하고 왔다. 금요일 아침에 날씨가 개어 우리는 다시 여행길에 오를 수 있었다. 출발하기 전에 인편에 브레이저 씨에게 편지를 급송했다. 심부름꾼은 뻔뻔스럽게도 우리가 약속했다고 말하면서 브레이저 씨에게 5000냥을 요구했다. 브레이저 씨는 그 요구에 응하지 않았다. 우리가 편지에서 적절한 보수를 지급하라고 요청했기 때문이었다.

아침 7시 45분에 출발해 강의 물길을 하나 걸어서 건넜다. 그런데

100야드 앞에 강의 큰 물길이 지났다. 비가 온 뒤여서 물길은 깊었고 빠르게 흘렀다. 한참을 소리친 뒤에야 나룻배가 없다는 사실을 알았다. 배를 구하기까지는 한참을 기다려야 했다. 우리는 전날 봐둔 더 아래쪽의 나루터로 돌아가기로 결정했다. 그런데 짐을 실은 조랑말의 마부들을 설득할 수 없었다. 우리를 따라가지 않겠다는 것이었다. 우리가 읍내를 다시 지나 나루터에 도착했을 때 배는 막 떠나가고 있었다. 배에는 무거운 짐을 진 좋은 황소 네 마리가 타고 있었다. 우리의 군사는 내가 그러지 말라고 했는데도 소 주인들에게 소를 내리라고 강요했다. 조선인들은 우리가 항의하는 것을 전혀 이해하지 못했다. 아니 이해할 수 없었다. 왜냐하면 그들의 예법에 따르면 우리는 어느 정도 공식적인 성격의 여행을 하고 있었고 따라서 우리는, 아니 더 정확히 말하면 우리를 대표해 그들이 온순한 주민들을 할 수 있는 만큼 들볶을 권한을 지녔기 때문이었다. 우리는 안전하게 시내를 건너 앞서 짐을 실은 조랑말들과 헤어진 나루터의 반대편 강둑에 올랐다. 짐을 실은 조랑말들도 이미 시내를 건너와 있었다. 우리가 돌아선 직후 나룻배를 마련한 것이다. 마부들은 10리를 돌아가야만 하는 상황에 너무 화가 났고, 한 사람이 사공을 부르러 갔다. 사공은 끌려왔다가 결국 달아났다. 흥미진진한 추격전이었다.

　낮 11시쯤에 우리는 낮은 구릉에 당도했고, 길가에 돌출한 비탈길에서 흑연의 노두露頭를 발견했다. 질 좋은 흑연으로 보였다. 윤은 우리에게 그것이 '연필에 들어간 심과 완전히 똑같은' 것이라고 알려줬다. 이때 우리는 금파원리金坡院里[104]의 금광과 사금터에 도착했다. 골짜기를 관통해 작은 시내가 흐르고 있었고, 이 시내와 지천의 바닥은 사방으로 8~10피트 깊이까지 파내져 있었다. 골짜기 한가운데에 일꾼들의 숙소로 쓰인 초라한 흙집이 여러 채 서 있었다. 구덩이 주변에 난 길은 갱부가 파 들어오기 전에 끊임없이 옮겨져야 했기 때문에 상태가 매우 나빴다. 갱부들은 허약한 물막이 장비 탓에 이 깊이에 도달하자마자 구덩이를 포기해야만 했다. 우리는 모든 금이 전날 다른 곳으로 보내졌다는 말을 들었다. 영흥 지역에서는 이곳과 다른 곳의 사금터에서 상당한 양이 채굴된다. 1889년에 세 곳의 개항장을 통해 수출된 금의 양은 98만 2091달러(약 15만 7135파운드)어치였으며 이 중 평안도의 관문인 원산에서 수출된 것이 54만 3844달러(약 8만 7000파운드)어치였다. 1890년에는 총 74만 9699달러(약 12만 파운드)어치 중에서 55만 6904달러(약 8만 9100파운드)어치가 원산을 통해 수출되었다. 이 시기에 이곳에서 중국이 가져간 금은 각각 37만 3677달러(약 5만 9800파운드)와 47만 4600달러(약 7만 6000파운드)어치였으며, 일본이 가져간 금은 각각 60만 8414달러(약 9만 7335파운드)와 27만 5099달러(4만 4000파운드)어치였다. 1891년에 전체 금 수출액은 약 69만 달러, 즉 약 11

만 400파운드어치였으나 거의 같은 양이 신고가 되지 않았거나 밀수되었다.

우리는 해발 66피트의 고개를 넘어 채굴이 거의 끝난 듯 보이는 사금터를 몇 곳 더 지나쳤다. 그리고 나룻배를 타고 서천을 건너 고산高山에 이르렀다.[105] 이곳에선 원주민들의 호기심을 피하느라 애쓰지 않아도 되었다. 점심을 먹기 위해 마을에서 조금 떨어진 곳에 자리를 잡자마자 비가 쏟아졌기 때문이었다. 우리도 어느 집으로 피해야 했다. 오후 3시 30분쯤 비가 그쳐 우리는 새로운 역말을 타고 출발할 수 있었다. 폭이 약 10마일에 이르는 놀랄 정도로 비옥한 평야를 또 하나 건너 정평定平의 작은 교외에 당도했다. 정평은 함흥咸興 가는 길과 장진長津 가는 길이 갈라지는 지점에 위치했다. 길 위쪽으로 약간 높은 언덕에 스코틀랜드 전나무들이 자라는 넓은 묘지가 있어 그곳에 천막을 쳤다. 마을 사람들이 떼 지어 몰려와 우리는 옆쪽 언덕 꼭대기로 도망갔고, 그곳에서 모기에게 고문을 당하면서 반시간 동안이나 기다렸다. 그동안 쇠오리 떼가 북쪽에서 날아와 머리 위로 울며 지나갔지만 날이 어두워진 까닭에 볼 수는 없었다. 천막으로 돌아와 옷을 갈아입었다. 어른 구경꾼들의 호기심이 요리하는 데 쏠렸기 때문이었다. 그러나 어린 구경꾼들은 천막에 난 구멍과 틈에 계속 눈을 붙이고, 천막 줄을 느슨하게 해 틈새를 옮기면서 구경하고 있었다. 그러나 저녁 8시쯤 그들은 조용히 떠나갔다. 마을 위의 언덕 옆으로는 관찰사가 있는 함흥 관아의 외벽이 보였다. 함흥은 그곳에서 동북동 쪽으로 약 50리 떨어져 있었다. 반면에 동쪽으로 8마일을 가면 브로튼 만이 있다.[106]

우리는 압록강 건너편의 중국 땅에서 사냥을 즐길 기대에 부풀었던 터여서 함흥과 갑산甲山으로 돌아가는 대신 이곳에서 빠져 나와 장진과 삼수三水를 향해 정북으로 진행하기로 결정했다. 우리는 갑산을 피하라는 경고를 받았다. 2년 전 부영사 캠벨[107]과 그곳 주민들 사이에 다툼이 있었는데 주민들이 캠벨에게 돌팔매질을 했기 때문이었다. 우리의 군사는 자신이 장진으로 가는 지름길을 알고 있다고 했고, 우리는 한참이나 힘들게 마부들을 설득한 끝에 함흥 길이 아니라 우리가 원하는 길로 갈 수 있었다. 그때서야 우리는 마부들 중 한 사람이 오로지 '싼값'으로 함흥에 가려는 목적에서 우리와 동행했다는 사실을 알았다. 그래서 그는 우리가 조랑말을 거두어 갔는데도 말없이 그곳에 남았다. 도호부가 설치된 곳으로 약 300호의 고을인 정평 읍내를 지나 시내를 따라 상류를 향해 처음에는 북쪽, 그 다음에는 북동쪽으로 올라갔다. 정평에서 약 25리 떨어진 지점에서 사금터 몇 곳을 보았다. 그러나 갱부는 많지 않았으며 원천까지 하상이 파헤쳐진 것으로 보아 채굴이 거의 끝난 듯했다. 5리를 더 진행해 해발 400피트의 낮은 구릉을 넘어섰고 드넓은 함흥평야로 내려왔다. 평야와 구릉의 가장자리로 이어진 매우 좋은 길을 따라 대체로 북서쪽 방향으로 걸었고, 정오에 20호 남짓한 동갠[108]에 도착했다. 그러나 마부들이 그곳엔 말을 재울 곳이 없다 해서 우리는 더 진행했다. 그때까지 하루 종일 조선인 상인 한 사람이 우리와 동행했다. 일꾼 한 사람이 물건 꾸러미를 지고 따랐다. 그 상인은 영어를 약간 할 줄 알았으며 그 상인을 알고 있는 윤을 통해 우리는 그가 원산에서 블라디보스토크까지 육로로 여행을 하고 있으며, 러시아어를 말할 수 있고, 러시아에는 거주하는 형제가 있으며, 함흥과 그곳의 관리들을 피하기 위해 그 길로 왔다는 사실을 알았다.

우리는 처음으로 실제로 수확물을 운반하는 데 쓰는 수레를 보았다. 수확은 이 부근에서는 이제 막 시작되었다. 나는 그 날 쉰 개의 수레를 보았는데, 구조는 지극히 단순했다. 바퀴는 똑같은 모양의 호 네 쪽을 나무못으로 가로장에 고정시켜 만들었다. 바퀴통은 굴대에 쐐기로 고정되어 굴대와 함께 돌았으며, 손잡이는 두 개의 견고한 못을 이용해 굴대에 달고 새끼줄로 고정시켰다. 얼개는 두 개의 얇은 판자로 이뤄졌고, 손잡이의 끝은 굽은 가로대에 이어 붙였으며, 가로대와 황소의 목을 굵게 꼰 새끼줄로 연결해 묶었다.

시냇물을 몇 차례 건너 오후 3시쯤에 성천강城川江 분기점에 자리한 오로촌吾老村에 도착했다.[109] 열다섯 가구가 있는 작은 마을로 함흥에서

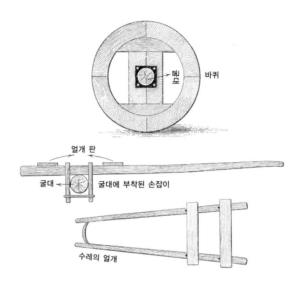

바퀴

굴대

얼개 판

굴대 ← 굴대에 부착된 손잡이

수레의 얼개

[원주민 수레의 대강의 모양]

장진으로 이어진 대로에 붙어 있다. 이곳에서 함흥까지는 약 45리 떨어져 있다. 계산으로는 오늘 70리를 진행했으니 지름길로 오면서 우리는 25리를 절약했으며, 함흥으로 간 경우 불가피했을 시간의 지체도 없었다. 이 길로 오면서 시간을 낭비하리라고는 꿈에도 생각하지 않았다.

강 유역은 폭이 약 5마일이었고, 돌투성이 바닥 사이로 난 몇 갈래의 물길에 얕은 시냇물이 흘렀다. 그렇지만 여름철에 수량이 많아지면 물로 가득 차고 강폭은 열 배쯤 더 넓어지리라고 예상할 수 있었다.

오로촌은 이러한 홍수 피해를 방지하기 위해 제방을 쌓아 보호했고, 상류로 더 올라간 곳의 또 다른 작은 마을인 구창[110]도 마찬가지로 제방을 쌓아 보호했다.

우리는 매우 더운 천막 안에서 수건과 방수 시트를 매달아 놓고 앉아 있느라 고생은 했지만 주민들의 호기심은 차단했다. 그러나 다음날엔 비가 와서 문을 열어놓은 채 씻고 옷을 갈아입을 수도 있었다.

오늘 내가 탄 짐승은 작고 튼튼한 종마로 다른 조랑말보다 상태가 좋았으나, 굿 애덤스의 암말과 가까이 가는 일은 이 수말로서는 너무 힘에 겨웠다. 암말이 앞서 가면 수말은 암말에 가까이 다가서려고 내 팔을 잡아챘으며, 암말이 뒤처져 가면 수말은 최대한 천천히 걸었고 내내 힝힝거렸다. 한두 번 두 말이 만나게 되면 수말이 암말에게 발길질을 해댔으며 자칫하면 굿 애덤스의 다리가 차일 뻔했다. 나는 곧 이 모든 소란에 넌더리가 나서 이날 주파한 70리 중 60리는 걸어서 갔다. 이후 여정에서도 이 수말은 갑산까지 우리와 동행했기 때문에 짐을 실어 나르는 역할로 그 지위가 강등되었으나, 끊임없이 울부짖는 소리는 짐을 실은 조랑말들이 어디쯤 가는지 알려주는 유익한 안내자가 되었다.

강을 따라 구창까지 가서 사냥감을 찾은 일은 허사가 되었다. 겨우 두루미 한 마리와 물총새 두 마리, 도요새 한 마리가 100야드 밖에서 날아가는 것을 보고 돌아왔을 뿐이었다. 그렇지만 나는 매우 좋은 꿀 한 병을 얻는 데 성공했다. 꿀은 우리에게 또 하나의 고마운 식량이었다. 아니 정확히 말하면 굿 애덤스가 이 점에 동의하지 않았으므로 나의 식량이었다. 그래서 굿 애덤스는 잼을 먹고 나는 꿀을 먹었다.

다음날 밤 한 시에 비가 내리기 시작했고, 하루 종일 줄기차게 억수같이 쏟아 내린 후 저녁 8시나 되어서야 그쳤다. 굿 애덤스는 쇠오리(가창오리?) 두 마리를 잡았다. 상당히 크고 잘 생긴 암컷과 수컷 한 마리씩으로 강철색의 몸통에다가 날개는 검푸른 색에서 하늘색으로 엷어졌으며, 두 개의 긴 날개는 끄트머리의 1.5인치가 흰색이었고 가슴은 흰색, 부리는 주홍색이었다. 수컷에게는 밤색 볏이 있었고, 암컷의 머리는 볏이 없으며 강철색이었다. 이곳에선 달걀이나 닭고기를 조달할 수 없었으므로 우리는 식량 목록에 변화가 생겼다는 사실에 기뻤다. 조선을 여행하는 사람이라면 누구나 음식 문제에서 어려움을 겪을 것이다. 어려움의 원인이 주민들 편에서 볼 때 팔고 싶지 않기 때문인지, 돈을 받지 못할까봐 두려워서인지는 따져볼 문제다. 7~9일, 11일, 15일, 16일, 18일과 오늘에도 우리는 남산과 문천, 영흥, 정평 같은 대처에 있었고 아침에 홰를 쳐 잠을 깨울 때를 제외하곤 몇 마리씩 어슬렁거리며 돌아다니는 수탉과 암탉을 보았는데도 달걀이나 닭고기를 얻지 못했다. 조선에서 여행할 때 관리와 수행자들은 지위 고하를 막론하고 숙박비 이외에는 한 푼도 지불하지 않는다. 이들에겐 촌락 주민들의 신체와 재산을 처분할 권리가 있기 때문에 관리의 방문은 작은 마을에는 비용이 매우 많이 들어가는 일이었다. 따라서 관찰사와 수령이 관할 도와 지역을 사사로이 시찰할 의무가 없었던 것은 다행이었다. 올 가을에 강원도의 금강산에 있는 한 마을을 방문한 두 명의 독일인 여행객은 돌아다니는 닭이 아주 많았지만 단 한 마리도 살 수 없다는 사실을 깨달았다. 가금의 주인이 누구냐고 물어보면 누구나 주인이 없다는 말을 했다. 그래서 그들 중 한 사람이 총을 들고 세 마리를 쏘았다. 그때 닭이 땅 주인의 소유라는 사실이 밝혀졌다. 땅주인은 값을 요구했고, 독일인들은 그가 거짓말을 했는데도 지불했다. 중국에서 그런 것처럼 조선에서도 거짓말은 예술이었고 중요한 역할을 했다.

9월 21일 아침 8시 오로촌을 떠나 강을 따라 천천히 올라갔다. 조선인에게는 매우 괜찮은 길이었다. 25리 지점의 삼밭골을 지나 열 가구가 사는 작은 마을인 은봉리隱峰里에서 점심을 먹기 위해 멈추었다.[111] 이후로는 한동안 강의 좁은 골짜기를 따라 계속 올라갔다. 길이 지나치게 서쪽으로 휘어져 우리는 해발 2050피트의 정나정 고개[112]를 넘을 수

밖에 없었고, 650피트를 내려와 성천강 지류의 우안에 있는 작은 부락에 당도했다. 고개 이름은 마을 이름에서 따왔다. 우리는 큰 호두나무 두 그루 밑에 천막을 쳤다. 나무 덕에 해질녘에 내린 비를 피할 수 있었다. 경치는 꽤 괜찮았다. 강가에 우뚝 솟은 화강암 산들은 높이가 약 2300피트였고 소나무, 너도밤나무, 단풍나무, 참나무로 덮여 있었다. 이 길에는 역참이 없어서 새 말을 얻을 수 없었으므로 우리는 역말을 다섯 마리 데리고 있었다.

이튿날 우리는 아침 7시 30분에 출발했다. 온도계는 겨우 화씨 49도를 가리키고 있었으며, 우리는 몸을 데우기 위해 기꺼이 걸어서 평안도계를 넘었다. 도의 경계는 돌로 쌓은 2피트 높이의 성벽으로 군데군데 무너져 있었다. 강에서부터 산사면 위쪽으로 이어진 성벽에는 일본의 '도리이鳥居' [113] 같은 나무로 만든 문이 있었다. 대들보의 양쪽 끝에는 도道의 깃 장식이 달려 있었다. 도계를 넘은 뒤엔 동쪽 조선의 분수령을 이루는 백운산맥의 재를 올랐다. 한 시간 반 동안 288피트를 올라갔다. 가파른 숲길은 쓰러진 나무와 진흙구덩이와 드러난 바위가 가로막았고, 우리가 내는 소리 말고는 졸졸 흐르는 물소리와 회색 및 흰색의 줄무늬가 있는 작고 대담한 다람쥐의 부스럭거리는 소리가 전부였다.

나는 직경이 3~4피트 되는 장대한 너도밤나무 몇 그루를 발견했다. 스코틀랜드 전나무와 소나무, 참나무, 자작나무, 단풍나무도 보았다. 단풍나무는 이제 막 붉게 물들 참이었다. 고개 정상에서 본 전망은 매우 훌륭했다. 우리가 걸어 올라온 계곡 아래로 멀리 브로튼만까지 내다보였다. 그러나 오른쪽과 왼쪽, 뒤쪽은 산에 가려 조망이 트이지 않았다. 조선은 산이 많은 나라여서 내륙에서는 어느 방향으로든 광대한 조망을 볼 수 있는 경우가 매우 드물다. 고개 정상에서 고갯마루를 따라 이어진 성벽의 좁은 문을 통해 평안도를 떠났다.[114] 200피트를 내려와 서쪽으로 흐르는 작은 시내를 만났고, 곧 숲길을 따라 400피트를 올랐다. 이 길은 진흙투성이에 때때로 늪이 나타나기도 했다. 그 고지에서 끔찍한 돌길을 따라 고토수古土水[115]로 내려왔다. 12가구로 이루어진 지저분한 이 마을은 장진강長津江의 우안에 있었다. 북쪽으로 내려가는 길은 초가을부터 늦가을까지 변화가 매우 심했다. 참나무와 너도밤나무 등은 노란색과 갈색으로 옷을 갈아입었고, 잎은 벌써 많이 떨어졌으며, 고사리도 갈색이 되었고, 단풍잎은 진홍색으로 불타올랐다. 고개 꼭대기에서부터 흘러내리는 작은 실개천은 장진강의 최상류로 내내 우리 왼편에서 이어졌고, 5마일쯤 내려가자 폭 50야드에 깊이가 3~4피트 되는 시내로 바뀌었다. 우리가 지나쳐온 흩어진 집들에 사는 주민들이 많은 나무를 베어냈지만 산비탈에 자라는 생생한 나무들은 장엄한 풍경을 연출했다. 갈색과 노란색 사이로 진홍빛 단풍이 타올랐고, 소나무의 짙은 초록색은 효과를 증대시켰다. 우리는 이곳에서 처음으로 조선 귀리가 수확되는 장면을 보았다. 자작나무 껍질이나 얇은 판석으로 지붕을 덮고 큰 돌을 매달아 눌러놓은 집들도 보았다. 이 집들에서는 하루 종일 온돌의 연기가 피어올랐다.

우리는 고토수에서 3시간 머문 후 길을 떠나 폭이 1마일쯤 되는 평야를 따라갔다. 산으로부터 강물에 쓸려 내려온 돌 부스러기로 형성된 것이 분명했다. 앞에서도 이와 같은 오래된 하상을 몇 번 지난 적이 있다. 20리쯤 지나니 강은 우리 왼편으로 해서 평야의 끝으로 흘렀다가 우리 쪽으로 가로지르더니 널리 퍼져서 일련의 습지와 갈대가 무성한 호수로 이어졌다. 강의 진로가 이렇게 바뀐 직후 우리는 소규모의 사금터를 몇 곳 지나치고, 언덕 사면에 난 길을 따라 사수泗水[116]로 진행했다. 오후 5시 30분 사수에 도착했다. 오후 내내 차가운 남풍이 부는 가운데 소나기가 엄청나게 내리는 바람에 땅바닥이 너무나 축축해져 우리는 대담하게도 조선인의 집에서 밤을 보내기로 결정했다.

우리는 사수에서 약 1마일 떨어진 작은 호수에서 오리 몇 마리를 어렵사리 발견했다. 그래서 나는 밤을 지낼 거처를 정하자마자 총을 들고 오리를 잡으러 나섰다. 나는 폭이 200야드쯤 되는 습지를 풀뿌리로 단단해진 곳을 밟으며 건너야 했다. 살금살금 다가가 오리까지는 채 15야드가 못 되었고, 오리는 아무런 눈치도 채지 못했다. 그때 갑자기 무릎까지 구멍에 빠지는 통에 일을 그르쳤다. 내가 사격하기에 충분할 만큼 탄탄한 발판을 찾기 전에 물 튀기는 소리에 깜짝 놀란 오리가 도망간 것은 당연했다. 홀딱 젖고 피로에 지쳐 기분만 상한 나는 사수로 돌아왔다. 키팅 살충제를 넉넉하게 썼더니 벼룩은 얼씬도 안했는데, 불을 지핀 온돌 방은 너무 뜨거워 우리는 문을 열어 놓은 채 자야만 했다.

다음날 우리는 이 습지 마을에서 일정을 계속했다. 처음에는 앞서 지난 평야와 같은 성질의 평야를 지났지만 출발한 지 약 두 시간이 지나서 북동쪽으로 언덕을 넘은 뒤 다시 강으로 내려왔다. 강은 크게 휘돌아나갔다. 이후 곧 붉은갠[17]에서 나룻배를 타고 강 왼편으로 건너가 그곳에서 거센 소나기를 피해야 했다. 소나기 때문에 반시간을 지체했다. 강둑에서 어느 노인이 낚시를 하고 있었는데, 우리는 그 낚시장비를 세밀히 살펴보았다. 나뭇가지에 6야드쯤 삼줄을 매달았고, 색 바랜 낚싯바늘에 사슴 털 조금과 꿩의 깃털 몇 개를 낚싯밥으로 썼다. 날이 개자 강을 따라 내려갔다. 유역은 구릉에 막혀 점점 좁아졌다. 강 위로 약 500피트 솟아 있는, 초목으로 뒤덮인 구릉의 사면은 최고의 아름다운 색채를 뿜내고 있었다. 붉은갠 근처에서 내려오는 동안 동쪽과 북북동 방향으로 약 8마일 떨어진 곳에 있는 두 개의 산봉우리를 보았다. 우리가 나중에 메물령扶物嶺[118]을 통해 넘은 산줄기에 속했음이 분명했다. 우리는 그 봉우리들의 높이를 각각 해발 6750피트와 8000피트로 판단했다.

우리는 얼마 진행하지 못한 채 속창[119]에서 멈추었다. 마부들이 근처에 다른 장소가 없다고 단언했기 때문이었다. 강둑에 자라는 호두나무 밑에 천막을 쳤다. 그곳에서 유일하게 평평한 곳이었지만, 천막 줄을 길 건너편까지 넘겨야 했다. 그러나 누구도 이상하게 보지 않았으며 다행히 밤 사이에 줄에 걸려 넘어진 사람은 없었다. 저녁에 사냥감을 찾으러 강을 따라 5리를 내려갔지만 아무것도 보지 못했다. 그곳에서 천의수天宜水[120]라는 열두 가옥의 마을을 발견했다. 길잡이들이 속이지만 않았다면 거기서 숙박할 수 있었을 것이다.

건너편 강둑의 산마루를 따라 새 올가미가 설치되어 있는 것을 보았다. 장대 위에 가로장을 대고 중간쯤에 어린 나무를 열십자로 묶어 잘 휘어지는 끝은 다시 말총으로 만든 끈으로 장대 꼭대기에 묶었다. 새의 다리가 걸리도록 묘한 매듭을 만들어 놓았다. 며칠 후 우리는 불쌍한 까치 한 마리가 이런 식으로 어린 나무의 반동에 의해 잡힌 것을 보았다.

몇 마일 떨어진 곳에서 물방아가 밤새 삐걱거렸는데 꼭 자장가 같았다. 이 나라에선 물방아마다 하나씩 물길을 끌어 대었다. 그러나 일본에서는 일반적으로 둘이나 넷 또는 그 이상으로 서로 마주보게 설치했고, 하나의 물길이 교대로 물방아를 채워 조선 방식에 수반되는 시간의 낭비와 수력의 소모를 절반으로 줄였다.

오늘 아침 출발하기 전에 우리는 조랑말에게 편자를 박는 작업을 목격했다. 공교롭게도 난폭한 종마였다. 마부는 종마의 앞다리와 뒷다리를 함께 묶어 내던진 후, 장대를 가져와 한 쪽 끝을 말이 무력하게 옆으로 쓰러져 있는 바닥에 댄 채 매듭 사이로 집어넣고 확실하게 편자를 박았다. 이것이 유일하게 쓰이는 방법이었고, 편자는 그 나름대로 기묘했다. 발굽은 아주 조금만 깎았기 때문에 거의 부싯돌처럼 단단했다. 편자는 발굽에 꼭 맞지 않았고, 종종 두 조각으로 되어 있는데 못대가리가 사각인 대못을 한 쪽에 세 개씩 매우 단단하게 박아 넣었다. 경제적인 방법이었다. 한 쪽이 다른 쪽보다 더 많이 닳을 경우 그것만 떼어 내서 교체하면 나머지 절반을 아낄 수 있었다.

9월 24일, 또다시 짧게 진행한 끝에 낮 11시 30분에 덕실동德實洞[121]에 도착했다. 밤을 지내기 위해 멈춘 것이었는데, 장진까지 가는 동안에 더 이상 휴식처가 없다는 말을 또 들었기 때문이다. 천의수부터 유역은 수위가 높을 때의 강폭으로 좁아져서 강의 좌안과 산 사이의 도로만 가까스로 남았고, 때로 돌출부를 만나면 우리는 그 가파른 벼랑 때문에 길을 내기가 불가능해 벼랑을 타고 넘어야 했다. 덕실동에 가까이 오자 길이 두 갈래로 갈라졌다. 하나는 수량이 많을 때 사용하는 길로 언덕을 넘어 마을까지 이어졌고, 다른 하나는 수위가 낮을 때 사용하는 길로 강변의 벼랑 발치에 널과 나뭇가지 바자로 만들어 놓았다. 우리는 아랫길을 택했다. 숲 속의 부목들로 보건대 수량이 많을 때는 수위가 지금보다 약 20피트 더 높아져서 길 전체가 통행할 수 없을 터였다.

산비탈의 색채는 이루 말로 다할 수 없이 장관을 이루었다. 내가 확인한 다양한 가을 잎의 나무들은 단풍나무(여러 종류), 너도밤나무, 참나무, 자작나무, 포플러, 스코틀랜드 전나무, 마가목, 버드나무, 양버즘나무, 야생 능금, 야생 자두, 야생 벚나무, 호두나무였다. 지천으로 널린 관목으로 볼 때 봄날에 진달래가 만발하면 이 계곡의 풍경은 정말 볼 만할 것이다.

덕실동은 집이 열네 채 되는 작은 부락으로 장진강과 우리가 지난 22일 백운산맥의 고갯마루에서 그 수원을 건넌 또 다른 강의 합류 지점에 자리한 작은 퇴적지에 있었다.[122] 이 강 양안의 험한 길은 남서쪽의 평안도 마을에서 이어진다. 강에는 어살이 무수히 꽂혀 있고, 원시적인 도구로 낚시를 하고 있는 노인 몇 명의 조과釣果로 보아 작은 송어는 전혀 부족하지 않음을 알 수 있었다. 오후에 우리는 긴 휴식을 취하면서 따뜻한 물로 정말로 기분 좋게 씻었다. 오로촌을 떠난 뒤로는 누려보지 못한 사치였다. 저녁에는 사냥꾼의 안내를 받아 통나무배를 타고 장진강을 건너 약 1마일 떨어진 콩밭으로 갔다. 사냥꾼의 말로는 사슴과 멧돼지가 늘 발견되는 곳이었다. 그곳에 당도하기 직전 우리는 총으로 쏘기에는 너무 멀리 떨어진 낮은 언덕 위로 노란 사슴 한 마리가 사라지는 것을 보았다. 사슴이 먼저 우리를 본 것이다. 사슴 한 마리를 발견한 것이 탐험의 유일한 성과였다. 윤은 요리사의 일본 칼로 무장하고 우리와 동행했다. 그 무기로 한번 해보리라고 기대한 바를 우리는 실행할 수 없었다. 이날 우리는 매우 예쁜 암청색 물총새 몇 마리와 가슴과 배가 흰색인 담청색 어치 떼를 보았다. 어치 떼는 물푸레나무와 버드나무가 많은 곳을 즐겨 찾는 듯했다. 나는 잠자리가 매우 아름답고 다양한 것에 매우 깊은 감명을 받았다. 단순한 날개를 가진 놈들로는 초록색, 황금색, 암청색, 검붉은색의 잠자리가 있었고, 날개 끝이 검은 놈들로 주홍색, 갈색, 푸른색, 노란색, 자주색 잠자리가 있었다.

원산에서 출발하기에 앞서 마부들 중 한 명이 울혈간鬱血肝으로 인한 고통을 호소해 우리는 코클Cockle's 알약 세 알로 그의 고통을 덜어주었다. 그날 밤 그 마부가 또 와서 몸이 매우 안 좋고 또 몹시 춥다고 말했다. 우리는 우선 생강즙과 위스키를 강하게 섞어서 마시게 해

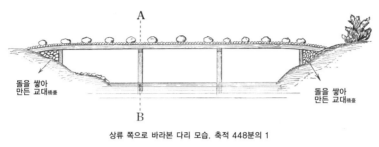

돌을 쌓아
만든 교대橋臺

돌을 쌓아
만든 교대橋臺

상류 쪽으로 바라본 다리 모습. 축적 448분의 1

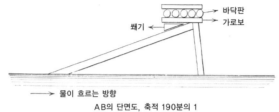

바닥판
가로보
쐐기

→ 물이 흐르는 방향
AB의 단면도, 축적 190분의 1

[덕실동 다리의 약도]

속을 따뜻하게 한 다음 코클 알약 세 알을 복용시켰다. 마부는 이틀 만에 회복되었다. 다른 미개 민족처럼 조선인들은 백인의 의술을 크게 신뢰했지만 자신들의 치료법을 매우 좋아했다. 며칠 후 어느 조선인이 내게 찾아와서 염증이 심한 눈을 치료해달라고 청했다. 나는 질병이 있다면 눈에 냉기가 들어간 것이 전부이니 눈을 따뜻한 물에 담가 잘 씻고 안대를 둘러싸서 냉기를 빼라고 말했다. 그렇게 했더니 그 조선인은 크게 화를 내면서 당황해 했다. 그 조선인이 눈을 씻고 난 뒤 나는 그를 달래기 위해 위스키에 물을 섞어 만든 약한 용액을 주어 눈을 담그라고 했고, 이 방법은 그 조선인을 만족시킬 만큼 충분히 따끔거렸다. 이 방법이 효과가 없었다고 해도 그의 눈에는 아무런 해도 없을 것이었다. 조선인의 치료법은 깜짝 놀랄 만한 것이다. 내 생각에 중국인의 치료법과 유사했다. 중국인은 대부분의 질환에서 환부의 반대편에 자극을 주는 치료법을 사용하며, 열이 날 경우에는 달군 쇠로 목과 목구멍을 따뜻하게 한다. 이와 다른 우리의 의료 행위는 청결을 유지하고, 사람의 머리나 수족에 입은 자상과 짐승의 까진 등에 석탄산기름을 바르라고 권고한 것이었다.

다음날 아침 8시 15분, 우리는 짙은 안개 속에서 길이가 약 42야드인 신기한 다리로 지류를 건넜다. 교각이 두 개인 다리의 바닥판은 길이가 약 36피트인 통나무로 지름이 2피트에서 6인치까지 점점 작아졌다. 상류 쪽으로 긴 버팀목을 댄 말뚝에 쐐기와 나사못으로 가로보를 고정시키고 그 위에 바닥판을 깔았다. 바닥은 작은 통나무를 느슨하게 깔아 만들었고, 여기저기에 큰 돌을 얹어 눌러놓았다. 장진에 들어갈 때도 교각이 세 개인 비슷한 다리를 건넜다.

넉실동에서 5리쯤 가니 작은 마을이 나타났다. 마을은 서쪽에서부터 본류로 흘러드는 작은 강의 우안에 자리를 잡았다. 힘들게 진행해 35리를 더 갔다. 그동안 강 위쪽으로 200피트 높이의 고갯길을 세 번 넘었으며, 언덕에 난 흔적을 찾아 길을 내며 간 적도 있었고, 불쑥 내민 바위들 사이에 걸친 판자 위를 지나기도 했다. 그러면서 북서쪽으로 틀어 장진강의 또 다른 지류를 따라 올라갔는데, 방향은 동북동으로 바뀌었다. 이 새로운 방향으로 15리를 가서 오후 2시 30분에 강의 좌안에 있는 장진에 도착했다. 남서쪽에서 흘러드는 다른 강과 합류하는 지점이었다. 이 강을 따라 강계江界[123]로 가는 대로가 이어졌다.

장진 근처의 계곡에 다다랐을 때 우리가 진행하고 있는 길의 직각 방향에서 어떤 젊은 여인이 길을 따라 오고 있었다. 이 여인은 마부들이 소리를 질러댔는데도 우리 앞으로 지나갔다. 이 때문에 여인은 욕설 세례를 받았다. 조선에서는 여성이 앞길을 가로지르면 매우 재수가 없다는 이야기를 그때 들었다. 조선이 몇 가지 점에서 다른 나라들과 다르지 않음을 보여주는 사건이었다. 우리는 그곳에서 섬뜩한 노파도 한 사람 보았다. 노파는 허리까지 벗어젖힌 채 밭에서 일을 하고 있었다. 그때까지 이 나라에서 본 가장 추한 여성이었다.

강이 합류하는 작은 평야에 위치하고 있는 가옥 수가 300호 되는 고을로 도호부 부사가 다스리고 있는 장진은 사방으로 높이가 1000피트 이상인 산들이 솟아 있었다. 우리는 마부들에게 지급할 현금과 정평에서부터 타고 온 다섯 마리 말을 대체할 새 역마가 필요했기 때문에 오후 일찍 부사에게 우리의 명함을 보낸 뒤 오후 5시쯤에 공적인 방문을 위해 출발했다. 그동안 우리는 마부들과의 거래를 매듭짓고 우리와 같이 삼수로 가자고 설득하느라 애를 썼다. 마부들은 삼수까지 동행하는 데 동의했지만 품삯에 관해서는 의견 차이가 너무 심해 거의 절망적이었다. 원산에서는 800리로 계산한 마부들은 이제 700리를 불렀고, 우리는 670리로 추정했으나 이제 550리밖에 되지 않았음을 알았다. 비 때문에 이틀을 허비해 마부들이 이틀치 식대를 더 썼으니 우리는 570리를 인정했다. 결국 부사는 우리가 590리에 대해 지불해야 한다고 결정했다. 그 액수는 조랑말 한 마리에 해당하는 6490냥이었다. 그러나 마부들은 이미 7000냥씩 받았으니 이제 우리에게 조랑말 마리당 610냥을 빚진 셈인데[124] 마부들은 이를 상환할 수 없다고 말했다. 이 난제는 1만 냥을 더 선급해 사실상 해결되었다. 1만 냥에 나머지 차감액을 더하면 여덟 마리 조랑말에 각각 1760냥씩, 다시 말해서 160리에 대해 선금을 지급한 것이 되었다.(8마리에 마리당 잔액 510냥을 곱하면 4080냥이고 여기에 1만 냥을 더하면 1만 4080냥이며 8마리로 나누면 1760냥, 1760냥을 리당 삯인 11냥으로 나누면 160리다.) 이것에 더해 요리사는 8818냥을 청구했다.

우리는 고을의 가도를 따라 관아로 걸어갔다. 군사가 앞장섰고 윤과 통역관, 나머지 사내들이 뒤를 따랐다. 대문은 활짝 열려 있었다. 우리는 마당을 지나 매우 지저분한 작은 별실로 안내되었다. 부사가 바닥에 앉아 있었다. 의자가 없었기 때문에 우리도 똑같이 바닥에 앉아야 했다. 우리는 방문하러 오는 길에 부사가 보낸 신선한 사슴고기와 닭 두 마리를 선물로 받았다. 선물에 감사를 표하고 안부를 물은 뒤에 현금과 조랑말을 요청했고, 부사는 둘 다 이튿날까지 준비해 주겠다고 약속했다. 우리는 삼수로 가는 길은 120리밖에 되지 않으나 매우 험하고 도중에 역참이 없으므로(역참이 없다는 이야기는 사실이 아니었다.) 갑산으로 우회해야 한다는 말을 들었다. 장진에서 갑산까지의 거리는 계산 방법에 따라 270~390리로 다양했다. 고이성[125]이라는 이 정중한 노신사는 다음날 우리를 방문하겠다고 약속했고, 우리는 관아에서 약 150야드 떨어진 강가의 야영지로 돌아왔다. 그곳에는 매우 멋진 호두나무 한 그루가 서 있었는데, 지면에서 약 5피트 높이에다가 지름이 3.5피트였다. 저녁 8시 이후까지 호기심 많은 구경꾼들이 우리를 에워쌌다. 그들에게 백인은 아주 진귀한 구경거리였으며, 천막은 완전히 새로운 물건이었다. 칼스 씨는 1884년에 우리의 요리사와 함께 이곳에 있었으나, 사람들은 과거에 이곳을 방문한 백인은 없었다고 말했다.

이튿날 아침 7시가 조금 지난 시간에 나팔 소리와 관아의 수행자가 외치는 소리가 들렸다. 부사가 우리를 보러 왔다. 우리는 아직 옷을 입지 않은 상태여서 사람을 보내 방문을 조금 늦춰달라고 청했다. 낮 11시쯤 부사가 표범 가죽으로 덮인 교자를 타고 다시 와서 천막 안의 의자에 (조심스럽게) 앉았다. 우리는 부사에게 여송연 한 개비와 위스키와 물을 조금 주었고, 부사는 조선의 예법에 따라 마시기 전후로 길고 크게 헛기침을 해댔다. 부사는 우리에게 1만 냥을 빌려주기로 했다. 예조 서한의 힘이자 함흥의 관찰사가 지불한다는 약식차용증을 제시한 덕이었다. 그리고 조랑말 네 마리도 약속했는데, 말은 먼 곳에서 가져와야 했으므로 우리는 다음날까지 붙들려 있었다. 지체된 시간을 최대로 잘 이용하기 위해 우리는 부사에게 사냥감에 대해 물었고, 부사의 답변은 이러했다. "아, 그렇지! 호랑이가 있었지." 강의 북쪽에 있는 산꼭대기에 호랑이가 한 마리 살았다. 확실히 부사의 포수들은 최근에도 호랑이를 보았다. 그러나 포수들은 언제 호랑이를 보았는지는 말하지 못했고, 본 장소도 지적하지 못했다. 부사는 우리에게 호랑이를 수색할 사람들을 보내겠다고 했다. 곰곰이 생각해보니 사슴을 쫓는 것이 더 나았다. 부사의 포수들은 호랑이를 마주치기가 두려웠기 때문이었다.[126] 오후에 사슴 몰이를 하자는 부사의 제안에 우리는 매우 기뻤다. 이보다 더 신나는 일은 없었다. 우리는 감사하게 그 제안을 받아들이고 부사를 배웅했다. 그동안 우리는 편안하게 점심을 먹었다. 얼마나 멋진 사냥이었나! 고을 밖에서 우리는 '호랑이 총'을 지닌 여섯 명의 사냥꾼을 만났다. 그 중 한 사람의 총은 새 것이었는데(근처에 제작소가 있었다.) 즉석에서 시범을 보였다. 강 건너 고을 방향으로 60야드 떨어진 물가의 돌을 겨냥했는데, 솜씨를 칭찬하는 환호 소리와 함께 지름이 약 1피트인 그 표적을 맞혔다. 호랑이 총은 일종의 목재 개머리판에 놋쇠 띠로 철제 관을 동여매 만들었다. 개머리판은 진짜 개머리판이 아니라 단순한 총자루에 불과했다. 가늠쇠는 없었다. 이 무기는 부싯돌식 발화장치로 발사되었고, 포수는 발사를 결심하면 발화장치가 잘못될 경우 장약에 확실하게 점화하기 위해 천천히 타는 성냥에 불을 붙여 대기한다. 부싯돌식 발화장치가 실패하는 경우는 빈번했다. 화약의 품질이 낮았기 때문에 원주민의 화기 사용이 일반적으로 미숙련하다는 사실이 놀랍지 않았다. 호랑이 총은 호랑이를 사냥하기 위한 총이기 때문이 아니라 (사실 그 총을 소유한 자들이 가장 마주치고 싶지 않은 동물이 호랑이였다.) 호랑이를 사냥할 수 있을 정도로 강력한 무기였기 때문에 그러한 명칭을 얻었다. 호랑이는 조선에서 힘의 상징이었다. 어느 총의 개머리판에는 기부基部가 놋쇠로 된 12구경짜리 중앙 타격식 엘리 탄약이 장식으로 끼워져 있었다.[127] 탄주머니로는 종종 두루미의 머리 가죽이 사용되었으며, 부리는 탄이 필요할 때까지 고리를 이용해 달아 놓았다.

우리는 강계 길을 따라 위로 1000피트 올라가서 서로 간에 약간의 간격을 두고 자리를 잡았다. 반시간이 지나자 부사가 교자를 타고 올라와 아래쪽 계곡 들판에서 벌어질 사냥을 구경하기에 좋은 곳에 자리를 잡았다. 우리와 고을 사이에는 나무가 성긴 큰 숲이 있었는데, 사슴이 방금 지나간 흔적이 그곳으로 이어진 것을 내가 발견한 터라 우리는 최소한 동물을 목격하기는 하리라고 기대했다. 이제 숲 방향으로 징과 관아의 나팔이 울렸다. 두 악기의 연주자는 숲에 들어가지 않았지만 몰이꾼이 되었다. 두 시간을 기다린 끝에 별 소득 없이 몰이가 끝났다는 말을 들었지만 우리는 즐겁게 돌아와서 저녁을 먹었다. 부사 덕택에 이곳에서 우리 식사는 매우 다양해졌다. 여행 중에 먹을 것은 늘 충분했지만 다른 어느 곳보다 이곳에서 가장 잘 먹었다. 26일과 27일의 우리 식단은 다음과 같다. 아침: 달걀, 소시지 아니면 닭고기 구이, 꿀, 잼, 코코아와 우유 아니면 커피와 우유. 점심: 완숙 달걀, 콘비프[128] 아니면 닭고기 구이, 꿀, 잼, 라임 즙, 물. 저녁: 수프, 갓 잡은 연어, 사슴 고기, 야채 절임, (덕실동에서 잡은) 꿩 구이, 수란水卵. 장진강에서 연어가 산 채로 잡혔다는 사실은 조선의 서해안에서도 연어가 서식한다는 증거였다. 붉은 살 생선이었지만 먹어보니 맛이 좋았다.

일요일 아침에 부사는 돈 문제에서 마음이 바뀌었다. 아마도 1만 냥 중 많은 액수가 자신에게 되돌아오기 전에 함흥을 지나며 사라질 것을 두려워한 것 같다. 부사는 20엔을 1만 600냥으로 바꿔주었고, 윤은 13엔을 6730냥으로 환전했다. 우리는 꽤 부유했다. 부사는 우리에게 꿀 한 병을 보냈는데, 앞서 얻은 것만큼 좋지는 않았다. 우리가 답례로 보낼 수 있는 선물은 브랜디 한 병과 마닐라 여송연 5개비였으며, 부사는 기쁘게 받았다.

제 6 장
장진에서 갑산까지

토요일 밤에는 비가 매우 심하게 내렸고, 일요일 아침에도 너무나 어둑어둑해 또 하루를 공치지는 않을까 걱정스러웠다. 그러나 오전 10시쯤 날씨가 조금 개어 우리는 사람을 보내 조랑말을 가져오게 했다. 우리는 건강한 조랑말을 기대했지만 다섯 마리 중 네 마리는 우리가 데리고 온 말인 데다 그나마 정평으로 되돌려 보내야 한다는 말을 듣고 크게 실망했다. 더욱이 부사가 우리를 위해 세 마리를 새로 얻어 놓았고 네 번째 조랑말을 얻기 위해 사람을 10리나 보내야 한다는 이야기를 들은 터여서 실망은 더 컸다.

낮 11시 15분에 출발했을 때 우리는 갑산으로 빠지기 위해서는 천의수까지 되돌아가야 한다는 사실을 알았다. 덕실동으로 돌아가는 우리 기분은 전혀 좋을 리 없었다. 그곳에서 우리는 천막을 치고 밤을 보냈다. 사냥꾼 친구 한 사람이 우리를 만나러 와서 여러모로 도움이 되었다. 사냥꾼이 오로지 우리가 앞서 주었던 100냥과 4드램dram의 화약 때문에 친절을 베풀었다고는 생각할 수 없었다. 그래서 나는 이 민족의 좋은 마음씨 탓이겠거니 여겼다. 사냥꾼은 우리에게 곰 이야기를 해주었다. 25일 밤에 고을의 북서쪽 강 건너편 언덕에서 커다란 검은 곰이 목격되었고, 작물을 감시하러 그곳에 있던 사람들은 횃불로 곰을 쫓았지만 다소 어려움을 겪었다고 했다. 우리는 그곳에서 멧돼지의 흔적을 많이 보았으며 멧돼지가 농작물에는 큰 골칫거리라는 이야기를 들었다.

덕실동에 한 번 더 작별을 고한 뒤 수많은 들오리와 홍머리오리, 산비둘기를 보면서 9월 28일 오전 9시에서 10시 사이에 천의수에 도착했다. 완숙 달걀과 사슴 고기로 식사를 한 뒤 나룻배로 강을 건넌 다음 북동쪽으로 흐르는 작은 지류를 따라 천의수에서 20리 거리의 작은 여관을 지나쳐 메물령에 이를 때까지 올라갔다. 나루터 바로 옆에는 지면에서 5피트 높이에다가 지름이 6.5피트가 되는 엄청나게 큰 포플러 나무가 유역에 홀로 서 있었다. 우리는 조랑말들이 따라오기를 기다리는 동안 송어를 낚는 노인을 만났다. 노인은 원시적인 낚시도구로 약 1.5파운드의 송어 세 마리를 잡았다. 우리가 손짓으로 노인이 잡은 물고기를 구경할 수 없겠느냐고 물으니 노인은 우리가 물고기를 빼앗아 가려는 줄 알고 처음에는 우리를 크게 경계했다. 추측하건대 노인은 우리의 우호적인 태도로 두려움이 가신 듯했고 다소 자랑하듯 물고기를 보여주었다.

고갯마루에 당도하기 전에 우리는 혼인 행렬을 만났다. 신랑 신부가 신랑의 아버지 집으로 가는 것이 분명했다. 얼굴을 화려하게 화장한 새색시는 선명한 색조의 비단옷을 입고 가마에 올라 이동했으며, 거의 똑같이 화려하게 성장을 한 신부의 친구이거나 들러리인 사람은 볼품없는 조랑말에 올라타 있었다. 스무 명쯤 되는 조선인들이 희고 깨끗한 무명옷을 입고 이들을 배웅했다.

고개에 오르기 시작하자 우리는 다시 숲으로 들어섰다. 숲의 대부분은 불에 탔는데 그리 오래 전의 일이 아니었다. 그렇지만 지름이 2~3피트 되는 스코틀랜드 전나무와 너도밤나무가 훼손되지 않고 여전히 자라고 있었다. 숲의 나머지 부분에는 소나무, 자작나무, 검은오리나무, 포플러와 몇 종의 단풍나무가 자라고 있었다. 산비탈에 지천으로 쓰러진 나무 기둥들은 썩어가고 있었으며 몇 그루는 엄청나게 컸다. 해발 5300피트의 고갯마루에는 작은 서낭당이 있었으며 우리의 수행자들은 더러는 절을 하고 더러는 침을 뱉어 산신령께 적절한 예를 표했다. 작고 대담한 다람쥐들의 부스럭거리는 소리만이 이 높은 산속의 고요를 깨뜨렸다. 다람쥐들은 우리를 보고도 전혀 두려워하지 않았다. 이 높은 곳에서 대량의 석송石松이 지표면을 뒤덮었다. 동쪽 사면은 한때 훌륭한 숲이었겠지만 지금은 대체로 헐벗었고, 까맣게 숯이 된 기둥들과 5년생 어린 초목들만 자라고 있었다. 그 비탈 사이로 난 내리막길은 매우 지독했다. 호박돌이 겹쳐 있었고, 이따금씩 길 전체가 늪으로 가라앉았다. 할 수만 있다면 어디서라도 길에서 벗어나 숲으로 들어갔지만, 푹 빠지는 흙과 쓰러진 나무들, 서로 얽히고설킨 가지들은 짐을 실은 우리 짐승들의 숲 진입을 방해했다. 우리는 조랑말들이 넘어져서 재산이 망가지는 꼴을 보지 않기 위해 서둘렀다. 행군을 마치고 아무런 피해도 없음이 확인되자 우리는 크게 안도했다. 조선 조랑말의 안전한 보행은 경이로웠다. 5000피트 고도에서 작은 실개울을 만나 돌투성이의 좁은 계곡을 따라 동남동 방향으로 내려갔다. 천의수에서 약 40리 지나온 지점에서 고개 발치에 있는 작은 여관을 하나 더 지나쳤고 오후 5시쯤 사평이라는 이름의 좀 더 큰 시내와 합류하는 지점의 술물에 도착했다.[129] 사평천은 북동 방향으로 흘렀다. 술물은 여덟 가구가 있는 매우 작은 마을이었다. 우리는 천막을 칠 만한 평평한 땅을 찾는 데 애를 먹었고, 결국 마을의 탈곡

마당을 점령했다. 'Sul'은 술을 뜻하고, 'Mul'은 물을 의미했지만 나는 마을 이름이 그러한 뜻을 내포하고 있다고는 생각하지 않았다. 북쪽에서 불어오는 바람은 매우 차가웠다. 천막 밖의 하인들은 불을 크게 지폈다. 그들 말로는 호랑이를 위협해 쫓아내기 위함이었으나 내 생각에는 추위 때문이었다. 하인들은 추위를 막기 위해 천막 주변에 귀리 단을 쌓기도 했다.

함흥평야를 떠난 뒤에 벼가 재배되는 것을 보지 못했다. 이 고도에서는 콩, 보리, 귀리, 기장과 질 낮은 감자가 돌밭에서 생산되는 주요 작물이었다. 고추와 호박은 풍부했으며 때로 수수와 담배도 보았다.

이튿날 새벽 6시 우리가 출발할 때 기온은 화씨 41도였으며, 조금 걸었으나 몸이 채 따뜻해지기도 전에 나룻배를 타고 강을 건너야 했다. 나룻배가 겨우 통나무배 두 척을 단순히 묶은 것이어서 배를 타고 강을 건너기 위해서는 조랑말에서 짐을 내려야 했다. 이 때문에 25분이 지체되었다. 반대편에서 조랑말을 기다리는 동안에 한 조선 노인이 우리를 중국인으로 착각하고 무슨 일로 왔느냐고 물었다. 그 길로 '백인'이 온 적은 없었기 때문이다. 노인은 우리의 짧은 목재 담뱃대에 큰 인상을 받았고 한 모금 빨아보기를 원했지만 그의 입과 초록색 송곳니를 본 우리는 완고하게 거절했다. 노인은 우리에게 사평천이 북으로 흘러 압록강에 합류한다고 말해주었다. 우리는 작은 시냇가를 따라 북동쪽으로 천천히 올라가 또 다른 고개인 설인령雪隣嶺[130]에 도착했다. 오전 10시에 고개를 넘어섰다. 해발 5770피트인 정상에는 작은 서낭당이 또 하나 있었고, 그곳이 갑산 도호부의 경계임을 알리는 나무 표주標柱도 서 있었다. 마부 두 사람은 서낭당에 한 냥씩 바쳤다. 그들은 산신령을 달래는 데는 아무 제물이나 (누더기 조각이나 돌 따위도) 바치기만 하면 된다고 했다. 모든 제물은 지나는 사람 누구나 가져갈 수가 있었다. 보통은 가장 가까운 곳에 있는 집의 어린 소년들이 이따금씩 서낭당을 찾아와 가져갈 것이 있는지 살핀다. 이곳에도 산불의 흔적이 많았다. 산비탈이 온통 불타고 남은 나무들의 희고 검은 잔해로 가득했고, 이 때문에 기분이 매우 우울했다.

아주 멋진 햇무리를 감상한 뒤 상태가 나쁜 길을 따라 900피트를 내려와서 동골안[131]에 도착했다. 열 가구가 사는 이 마을에서 두 시간을 체류하며 점심을 먹었다. 굿 애덤스와 나는 오후 3시에 다시 출발했고, 허천강虛川江[132] 유역의 굉장히 거친 길을 따라 오후 4시 30분까지 걸었다. 강 유역은 여기저기에서 넓게 펼쳐져 작은 귀리 밭이나 감자 밭으로 이용되었다. 그때 우리는 자리를 잡고 앉아서 40분 동안 조랑말을 기다려야 했다. 게으른 마부들이 3시간 반 동안 한낮의 휴식을 즐겼기 때문이다. 그렇지만 마부들은 그날의 여정이 늦게 끝나고 또 어둠 속에서 두려움에 떨며 걸어야 했던 것으로 적절하게 처벌을 받았다. 우리는 산비탈을 기어오르며 계속 이동했다. 산비탈은 때로 강에서 50~100피트 높이에까지 올라갔고 좁고 미끄러운 길의 아래위는 깎아지른 절벽이었다. 저녁 6시 30분에 오두막 두 채가 있는 개간지에 도착했지만 너무나 마음이 내키지 않는 데다 마구간도 없어서 더 나은 장소를 찾아 좀더 가보기로 결정했다. 이 초라한 산막에 기거하는 자들은 7리를 더 가면 좀 괜찮은 곳이 나올 것이라고 알려주었다. 7리를 더 진행해 조잡한 다리로 강을 건넜을 때 오두막 두 채를 발견했지만 마구간은 없었으며 우리가 찾는 장소에 도착하려면 3리를 더 가야 한다는 말만 들었다. 날이 상당히 어두워져서 우리는 횃불을 들고 계속 걸었다. 군사에게는 이곳에 남아 횃불을 더 만들어 짐을 실은 조랑말들이 당도하면 건네주라고 일렀다. 바위 위로 넘어지고 강기슭을 기어오르기를 거듭했지만 3리는 10리로 늘어났고 저녁 7시 30분이 되어서야 서수동西水洞[133]에 도착했다. 우리가 그곳을 발견한 순간에 우리의 안내자는 횃불을 들고 집으로 뺑소니쳤다. 거리를 속였다고 우리가 야단칠까봐 두려웠던 모양이었다. 우리는 기쁜 마음으로 집으로 들어가 연기 나는 부엌의 불가에 앉아서 다른 사람들이 올 때까지 약한 시간을 기다렸다. 한 노인이 엄숙한 표정으로 앉아 우리를 응시했는데, 그 무엇도 노인의 냉담한 표정을 깨뜨리지 못했다. 두 명의 여성과 6살짜리 소녀, 간난아이가 식구의 전부였다. 여성 한 명은 아름답게 자란 젊은 처자였다. 노인이 우리에게 자신의 방을 내주었으나 방과 부엌 사이에 문이 없어서 냄새가 몹시 고약했으며, 남자와 여자와 아이들의 호기심 강한 시선에 당혹스럽기 그지없었고 벼룩과 빈대 또한 넘쳐났다. 이와 같은 작은 오두막에서 부엌은 곧 외양간이기도 했으며, 마부들은 물론 가옥의 거주자들도 부엌의 부뚜막 위에서 잠을 잤다. 그렇지만 선잠을 방해한 것은 오히려 몇 시간 동안 그치지 않은 수다와 침 뱉기, 기침 등과 조랑말들의 발 구르기, 발차기, 비명, 다투는 소리였다.

조선인은 손수건을 지니지 않으며 종이 손수건조차 없다. 구태여 체면과 겸양을 차리느라 예법을 지키는 일도 없다. 따라서 인간이라는 동물이 내뿜는 여러 가스와 고체 배설물은 남녀를 불문하고 형편이 되는대로 가장 편리하게 처리된다.

나는 정평을 떠난 이후로 날마다 갈색 독사를 잡아 죽였다. 그만큼 뱀이 많았다. 원주민들은 그 독사를 죽이지 않는데, 이것은 그 파충류에 대한 일종의 존경의 표시였다. 아마 뱀 숭배의 잔재가 남아 그러지 못하도록 제지한 것으로 보인다. 그러나 우리가 뱀을 죽이는 것에는 전혀 반대하지 않았다.

밤중에는 차가운 서리가 내렸는데 아침이 되자 눈부시게 밝았다. 기상이 늦은 탓에 아침 8시 30분에야 서수동을 떠난 우리는 강 유역을 따라 내려가다가 경작지로 변한 산비탈을 보고 깜짝 놀랐다. 경작이 가능한 곳이면 어디에서나 여러 종류의 작물이 자라고 있었다. 내 생각에 10리를 넘는 유역에 34가구가 흩어져 사는 서수동 마을 주민은 적어도 500에이커는 경작하고 있었다. 작물은 주로 귀리, 보리, 기장, 콩, 감자였으며 작황은 분명히 좋지 못했다. 우리는 마을 끝에서 절벽에 둥지를 튼 푸른 양¾비둘기를 상당히 많이 발견했고 이 중 두 마리를 잡았다. 나중에는 청둥오리 몇 마리와 들오리 두 마리를 잡았다. 총에 맞아 떨어진 들오리를 주워오기 위해 마부 한 사람이 벌거벗고 얼음처럼 차가운 강물을 헤치고 나아갔다. 우리는 또 80야드 밖에서 쏜 다섯 번째 총알로 기러기 한 마리를 맞혔는데 기러기는 큰 상처를 입지 않아 우리가 다가가기 전에 도망쳤다. 우리는 양가리[134]에서 점심을 먹었다. 이 작은 마을은 돌이 많은 작고 얕은 강의 골짜기에 있었다. 이 강은 우리가 막 건너 떠나온 허천강에 합류했다. 골짜기에서 많이 새배되는 담배는 평안도와 동해안의 고을로 보내진다. 집마다 마당 안에서 담뱃잎을 줄에 꿰어 말리고 있었다. 마당은 8피트 높이의 장대로 울타리를 엮어 둘러쳤는데, 들짐승 따위로부터 보호하기 위한 장치였다. 갑산에서 함흥으로 이어지는 소위 '소로小路'가 마을을 관통했다.

이곳에서 우리는 800피트 높이의 재를 넘었다. 허천강은 북동쪽으로 급하게 진로를 꺾었다. 우리는 지름길이라는 이 고개를 넘어 허천강을 다시 만나 강 좌안으로 건너갔고, 그곳에서 약 20리 떨어진 능귀[135]에 오후 5시 30분에 도착했다. 우리는 일종의 객관 같은 곳에서 밤을 보냈다. 우리가 각자 하나씩 받은 작은 방에는 깨끗한 돗자리가 깔려 있었지만 기생곤충이 없지는 않았다.

이곳에서 강이 남동쪽으로 흘러 우리를 당황스럽게 했지만 이튿날 강이 다시 북쪽으로 흐르고 있음을 확인했다. 이제 우리는 갑산에서 북청北靑에 이르는 대로大路에 올랐다. 길은 당연히 좋을 것으로 기대했다. 그러나 도로는 사람들이 추수한 곡식과 겨울에 온돌을 데우는 데 쓸 장작을 썰매에 실어 나르느라 다소 개선되긴 했지만 실망스럽기가 그지없었다.

10월 1일, 밤중에 내린 차가운 서리는 백두산에 더 가까이 다가가려는 우리의 열의를 강하게 해주었다. 우리는 아침 7시가 지나자마자 덜덜 떨고 있는 마부들을 재촉해 출발했다. 우리는 오르막길에 있는 상태가 심히 나쁜 습지를 지나 500피트 고도의 고개를 넘은 다음 작은 강의 돌투성이 계곡으로 내려갔다. 동북 방향으로 흐르는 강을 따라 호린참呼獜站[136]으로 갔다. 이곳에서 말을 바꿔 타려 했지만 역참에 말이 한 마리도 없어서 그럴 수가 없었다. 예닐곱 채가 있는 작은 부락에 당도했을 때 마부들은 쉬면서 점심을 먹고자 했다. 그러나 우리는 갑산

방면으로 길을 재촉했고 낮 11시에 다시 허천강을 마주쳤다. 이젠 40
야드에서 80야드까지 넓어진 강을 따라 계속 진행했다. 길 상태는 확
실히 좋을 때도 있었지만 대체로 형편이 없었다. 우리는 불쑥 내민
벼랑 위로 200피트를 기어올라 넘은 뒤에 나루터에 도착해서 강의 우
안으로 건너갔다. 3리를 더 가니 강과 작은 마을 사이에 매우 멋진 포
플러와 버드나무의 작은 숲이 있었지만 이 또한 땔감으로 파괴되고
있었다.

 강 쪽으로 돌출한 벼랑은 작은 만을 형성하고 있었으며 벼랑에 부
딪치는 물의 흐름 때문에 강의 한가운데에는 소용돌이가 치고 있었
다. 벼랑의 반대편에는 계곡이 좌우로 넓게 트여 있었다. 산기슭은 강
의 좌우에서 1마일에 걸쳐 약 5도의 경사를 보였으며, 땅은 주로 화산
진火山塵으로 이루어졌고 화산암과 응회암 덩이가 많았다. 계곡을 가로
막은 산은 화강암에 화산암이 다량 섞여 있었다. 갑산에 가까워지자
도로는 강가의 두디운 철광상 사이를 지났다. 갑산에는 오후 3시에 도
착했다. 우리는 군사를 먼저 보냈고, 그는 우리를 관아의 아전 한 명이
살고 있는 방 한 칸짜리 객사客舍로 데려갔다. 객사 옆에는 화산암 덩이
로 지면에서 2피트 높이로 단을 쌓고 지은 헛간이 있었다. 비어 있는
헛간은 행렬에 사용하는 투창과 미늘창 등을 보관하는 저장 창고로
보였다. 우리는 주민들의 호기심 때문에 감히 천막을 치지 못해 그 집

을 사용하라는 제안을 받아들였다. 집은 매우 지저분했으며 빈대가 득시글했다. 주민들이 떼로 몰려들어 지켜보는 통에 우리는 태양의 열기와 온돌 때문에 질식할 정도로 방이 뜨거웠는데도 방문을 모두 닫아야만 했다.

사전에 갑산 부사와 명함을 교환한 우리는 오후 5시쯤 그를 방문하러 갔다. 이번에는 대문이 열려 있지 않았다. 부사는 등받이가 없는 검은색의 나무 걸상에 앉아 우리를 맞았다. 걸상 위에는 표범 가죽이 깔려 있었다. 굿 애덤스에겐 검은색 나무 의자가 제공되었고, 나는 등받이 없는 걸상에 앉았다. 표범 가죽은 겨울철 모피로서 근사한 표본이었으나, 우리가 앉을 자리에 깔려 있는 표범 가죽은 발과 귀 및 수염이 떨어져 나갔고 얼굴은 둥글게 잘라 다듬어졌다. 우리는 말과 현금을 요구했고 부사는 말을 주겠다는 약속은 했지만 현금 제공은 거부했다. 마부들은 일본 엔화를 받지 않을 것이고 우리는 보천까지 갔다 돌아오는 왕복 품삯 말고도 2만 냥 이상을 지불해야 하기 때문에 현금이 절대적으로 필요했다. 알아보니 고을에서 엔화는 450냥, 말굽은은 달러나 엔화에 대해 1대475로 각각 교환되었다. 그렇지만 이것은 지나치게 이문을 남기는 짓이었다. 우리는 저녁을 먹은 뒤 우 씨의 말굽은을 윤에게 들려 부사에게 보내면서, 품삯을 지불할 다른 방도가 없으니 우리를 위해 좋은 값으로 받아 달라고 요청했다. 윤은 좋은 소식을 들고 돌아왔다. 부사는 여기 온 지 한 해밖에 안되었고 성벽과 관아 일부를 재건하느라 가진 것을 다 써서 자신에게는 돈이 없으니 우리를 위해 합리적인 값을 받게 해주겠다고 약속했다. 유달리 깨끗한 성벽의 외관이 그의 말을 입증했다.

갑산은 비참할 정도로 궁핍해 보였다. 300~400채의 집에 사람이 거주했으며 나머지는 비어 있어 황폐해졌다. 고을은 서울보다 훨씬 더 깨끗했다. 성벽은 회반죽을 발라 매우 말쑥한 외관을 보였다. 갑산 주변 지역은 금, 은, 납, 구리 등 다양한 광물이 풍부하다. 그러나 채굴 장비가 너무나 원시적이고 조잡해 광부들은 간신히 생계만 유지할 뿐이었으며, 해안으로 운송하는 비용 때문에 광물 교역에는 어려움이 있었다.

이튿날 오전 10시쯤 부사가 방문했다. 부사가 문간을 넘을 때 종자들이 무어라고 외쳤는데, 생각할 것도 없이 부사 나리의 행차를 알리는 말이었다. 이들은 부사가 신 벗기를 기다렸다가 방으로 따라 들어왔다. 우리는 부사에게 여송연을 한 대 건넸으나, 부사는 안타깝게도 속이 좋지 않아 한두 모금 빨아들이고는 나중에 조금 더 경사스런 계제에 필 요량으로 종자에게 건네 보관하게 했다. 그러나 부사는 독한 위스키와 물을 마시는 것은 싫어하지 않았다. 부사는 이름이 홍남주洪南周[137]였는데 서울 사람이었다. 부사는 우리에게 서울로 돌아갈 날만 기다리며 지낸다고 말했다. 부사의 통상 급여는 월 9000냥으로 연간 약 20파운드에 달했다. 그러나 당시 그는 이 지방에서 스스로 비용을 조달해 생활하고 있었다. 주민들이 온갖 필수품을 공급한 것이다. 부사의 종자 중에는 열여덟 살 된 잘 생긴 소년이 둘 있었는데, 땋아 늘인 검정 머리가 훌륭했다. 우리는 그 머리에 감탄했지만 가짜 머리를 땋아 붙여서 그렇게 길다는 사실을 알게 되었다. 조선의 남자는 혼인을 할 때까지 머리를 길게 땋아 간직하고 머리 위에는 아무 것도 쓰지 않는다. 혼인은 부모의 형편에 따라 가능하면 이른 시기에 이뤄지는데, 중요한 이 순간 이후에는 머리털을 일부 밀어낸 뒤 비틀어 꼬아 머리 꼭대기에서 매듭을 만들고 다양한 종류의 남성용 장식 모자 하나를 쓴다. 갑산에서 헤어진 우리의 마부 중 한 사람은 혼인하지 않은 총각이었고, 마흔 살이 되었는데도 소년의 땋은 머리를 하고 있었다. 반면에 아홉 살, 열 살짜리 어린아이들이 혼인의 표시인 상투를 틀고 있는 것을 여러 차례 본 적이 있다.

제7장
갑산에서 보천까지

　우리는 짐의 일부를 부사에게 맡겨서 부담을 덜기로 했다. 이로써 아홉 마리 말로 갈 수 있게 되었다. 이 중 임대한 조랑말은 두 마리뿐이었다. 부사의 진설 덕에 우리는 말굽은으로 4만 1000냥을 얻었다. 달러에 대해 512.5냥의 비율로 환전한 셈이다. 우리는 오후 2시 30분에 출발할 수 있었다. 갑산의 군사 한 명이 안내자로 동행했다. 덕원의 군사는 이곳에서 아무런 통고도 없이 우리 곁을 떠났다. 나중에 안 일이지만 그는 우리의 불한당 같은 하인들과 마음이 맞지 않았다.

　갑산을 떠난 지 얼마 되지 않아 우리는 처음으로 울타리가 둘러쳐진 묘지를 발견했다. 묘 둘레에는 형상이 새겨진 석상이 서 있었다. 이 지역에서도 우리는 호랑이 덫을 여러 개 보았는데 전부 부서져 있었다. 짐작하건대 주민들이 매우 가난해 살아 있는 미끼를 내걸 형편이 못된 것으로 보인다. 두 시간 동안 허천강을 따라 북북서 방향으로 진행하다가 강이 서북서로 방향을 틀 때 강을 벗어나 북동쪽에서 흘러들어오는 지류를 따라 올라갔다. 저녁 6시, 동인同仁[138]에 도착했다. 갑산에 천막을 두고 왔으므로 역겨운 냄새가 나는 작고 뜨거운 방에서 숙박해야 했다. 굿 애덤스는 침상도 두고 와 바닥에서 잠을 잤는데 또다시 기어 다니는 놈들의 먹이가 되었다.

우리는 고용한 마부들 때문에 속을 태우고 지체되는 데 짜증이 나서 갑산에서 2만 240냥을 지불하고 그들 대부분을 돌려보냈다. 1달러에 상당하는 주화 무게는 5파운드에 달했으므로 우리는 짐을 가볍게 하기 위해 7000냥과 탄창 두 개, 비스킷 상자, 소총 한 자루의 꾸러미를 두고 왔다. 요리사에게도 90파운드 나가는 큰 상자와 60파운드짜리 천 가방, 주로 오래된 신발과 병으로 가득 찬 35파운드짜리 커다란 배낭을 남겨두게 했다. 관아의 한 아전이 이 모든 짐의 보관을 책임지기로 했다.

이튿날 동인을 떠나 몸을 따뜻하게 하느라 부지런히 걷는 중에 얼마 지나지 않아 원주민의 손에 이끌려 썰매를 끄는 암소와 마주쳤다.

이 짐승은 몇 초 동안 우리를 응시하더니 그토록 이상한 인간은 처음 보았다는 듯이 깜짝 놀라서 가파른 강둑 아래로 뺑소니를 치다가 강물로 뛰어들었다. 도중에 썰매와 마구를 잃은 암소는 건너편 강둑에 멈추어 서서 우리를 뚫어져라 쳐다봤다. 우리는 암소를 뒤로 하고 길을 떠났다. 화난 소몰이꾼은 조선의 상소리 중에서도 고르고 고른 욕을 소에게 퍼부어댔다. 해발 4250피트인 안간령[139]을 힘들게 올랐다. 북쪽 사면으로 난 가파른 내리막길은 점판암 지층이 날카롭게 삐죽 튀어 내밀어서 더할 나위 없이 끔찍했다. 고개 꼭대기에는 오두막이 몇 채 있었다. 이곳에서 계곡 아래쪽 운총雲寵[140]으로 내려다본 풍경은 독특했다. 산비탈은 개간되어 있어 어디에서나 토양이 쓸려 내렸다. 바둑판 같은 풍광은 꼭 잉글랜드 미들랜즈Midlands를 멀리서 조감한 듯했다.

우리 진로는 강을 따라 북동쪽을 향하고 있었다. 강은 15리 앞에서 북서로 방향을 틀어 허천강에 합류한다. 낮 11시에 유총에 도착했다. 서울 출신 촌장이 우리를 집으로 초대해 식사를 대접하려 했으나 우리는 식사 초대를 거절했다. 점심을 먹고 있는 동안에 악당처럼 보이는 중국인 두 사람이 도착해 우리를 살폈다. 분명히 북쪽 국경을 넘나들며 금을 밀수하는 자들이었을 것이다. 이곳에는 중국인이 약 서른 명 있는데, 이 정도면 최대 규모의 불한당 패거리였다. 우리 생각에 이 중국인들은 만주군[141] 출신 제대 병사들로 이제는 무역과 금 채굴, 밀수로 옹색한 생활을 유지하고 있었다. 1890년에 이 무리의 일부가 조선인을 살해하고 물건을 빼앗은 사건이 발생해 우 씨가 이곳으로 와서 조사한 뒤 약 스무 명을 추방했다. 촌장은 손잡이가 은으로 된 나이프와 포크를 함흥의 장인이 제작한 은으로 된 집에 담아 허리띠에 매달고 다녔고, 주머니 속의 작은 지갑 안에는 5~6온스의 금을 넣어 다녔는데 이곳 사금터에서 얻은 것으로 보였다.

촌장은 삼수[142]라는 탁한 용액을 우리에게 건넸다. 냄새와 맛이 카피르Kaffir 맥주에다 독한 주정을 섞은 듯했는데, 그 독특한 맛은 콩물 때문이었다. 삼수는 쌀이나 기장을 증류해 얻은 주정에다 콩물을 섞은 것이다. 촌장은 우리에게 이 술 한 병을 주었고, 요리사는 콩물이 덜 섞인 매우 맑은 중국산 술 한 병을 구입했다.

두 시간 휴식한 뒤에 다시 속행했다. 다리로 강을 건널 참에 어떤 조선인이 길은 강의 좌안 위쪽에 있다고 알려 주었다. 그래서 우리는 사금 채취 과정을 구경하며 천천히 걸었다. 계곡 바닥의 점판암에 무수히 파헤쳐진 구멍에서 사금이 채취되고 있었다. 시냇물 줄기를 끌어들여 암설 더미를 씻었으나, 금이 많이 나오는 것 같지는 않았다. 우리는 방해받지 않고 앉아 있을 만한 장소를 찾아보았지만 헛수고만 했다. 걸음을 멈추자마자 예닐곱 명 이상의 조선인들이 우리를 둘러

매사냥을 하는 사람들

싼 채 대답할 수 없는 질문을 쏟아내면서 우리 의복과 머리 등을 자세히 관찰했다. 결국 우리는 그들의 관심을 견디지 못하고 이동해야만 했다. 주변을 배회하던 중에 매로 꿩을 사냥하는 조선인과 우연히 마주쳤다. 원주민들은 이 유희를 매우 좋아했다. 사냥에 쓰이는 새는 내 생각에 황조롱이였다. 황조롱이가 사냥감을 공격한 뒤 주인에게 돌아오는 동안 데리고 다니는 개가 꿩을 물어온다. 꿩은 아주 오랫동안 사냥을 당해서 그런지 좀처럼 날아오르지 못하고 마치 산토끼처럼 뛰며 달아났다. 운총 근처에서는 사방으로 길이 이어졌다. 우리는 평안도에서 이곳을 거쳐 블라디보스토크로 많은 가축이 이동한다는 이야기를 들었다. 우수리Ussuri 지역의 군대를 위한 것이라고 했다. 또한 귀리도 북쪽 도에서 육로와 해로를 통해 많이 수출되어 러시아 군대의 식량으로 쓰인다고 했다.

오후 3시, 운총에서 5리쯤 갔을 때 2시 30분에야 출발한 윤이 조랑말을 이끌고 우리를 따라잡아 하는 말이 우리는 잘못된 길로 접어들었고 요리사는 짐과 함께 제대로 가고 있다고 했다. 군사는 가도로 되돌아가는 것보다 더 짧은 길을 안다고 말했다. 그렇지만 그 길은 강 상류로 20리를 우회해야 했다. 우리는 두께가 2~3피트 정도의 원재圓材를 다리가 두 개인 버팀다리로 지지해 만든 교량으로 강을 건넜다. 이어 1000피트의 고개를 오르내렸다. 고갯길에서 윤과 통역관을 놓쳤지만

운총 근처의 오두막.

다행히 한 시간 뒤에 따라잡았다. 땅거미가 질 무렵에 짐을 실은 조랑말들을 만났다. 보천까지 20리 남짓 남은 지점의 작고 지저분한 집에서 밤을 보내기 위해 멈춘 것이었다. 그러나 이곳에는 마구간이 없었고 묵을 방도 없었기 때문에 우리는 다시 짐을 싣고 횃불을 마련해 보천을 향해 출발했다. 밤 9시 30분이 되어서야 보천에 도착했다. 마부들은 해가 진 뒤에 이동하기를 크게 꺼려했다. 근방의 숲에는 호랑이가 득실대고 중국인 산적도 출몰한다는 소문이 돌기 때문이었다. 그렇지만 마부들이 운총에서 네 시간을 머물기로 했을 때 우리는 계속 갈 것을 고집했다. 길은 산등성이를 꼬불꼬불 오르내렸으며 짙은 숲을 통과했다.

당시엔 지나기가 쉬웠지만 길의 절반쯤엔 통나무가 깔려 있는 것으로 보아 비 내리는 날씨에는 수렁으로 바뀔 것이 틀림없었다. 돌아보니 고요한 숲 속에 긴 행렬을 이룬 우리의 횃불이 멋진 광경을 연출했다. 우리의 안내자들은 주민이 사는 집에 가까이 갈 때면 언제나 횃불을 가져오라는 뜻으로 크고 길게 "이리 오너라. 불을 밝혀라." 하고 외쳐댔다. 횃불은 자작나무 껍질이나 전나무 가지를 두들기고 쪼개어 조악한 자작나무 비처럼 만든 것으로, 자주 산불의 원인이 되었다. 밤중에 여행을 하는 사람들이 지나치는 집이나 마을에서 횃불을 요구하는 것은 이 나라의 일상적인 관습이다. 거주민은 나그네의 길을 밝혀주면서 보수를 받을 생각은 전혀 하지 않았다. 우리는 처음에는 이 수고의 값을 지불하려 했지만 불가능한 일이었다. 횃불을 든 사람은 또 다른 사람이 횃불을 들고 나타나자마자 어둠 속으로 사라진 것이다. 우리는 한때 (주변의 난간과 관문關門으로 판단하건대) 분명히 국경의 주둔지였을 곳에서 잠시 멈추어 일행이 모이기를 기다렸다. 그곳의 오두막 두 채를 차지하고 있는 사악한 얼굴의 중국인 몇 사람은 우리를 돕기를 한사코 거부했다. 과거에는 이러한 작은 요새가 중국과의 국경 전역에 구축되었지만 지금은 폐허가 되었다. 이 중국인들은 통역관을 신기한 듯 자세히 뜯어보았다. 마치 그의 정체를 확인하려는 듯했다. 통역관은 요리사와는 달리 중국인들을 친절하게 맞이하지 않았기 때문이었다. 웃음이 나왔다.

보천에서 또다시 촌장의 집에 묵었다. 촌장의 집에는 방이 두 개, 부엌이 하나 있었다. 밤 11시에 저녁을 먹고 짐꾼들에게 백두산에까지 짐을 날라다 줄 것을 요청한 뒤 밤 12시에 기분 좋게 잠자리에 들었다. 촌장은 우리의 방 하나에 자신의 궤짝들을 남겨두어도 괜찮은지 우리의 허락을 구했고, 우리는 기꺼이 동의했다. 검붉은색의 목재로 만든 그 궤짝들은 크기가 컸으며, 기묘한 놋쇠 장식이 부착되어 있었다. 나는 우리가 방문한 집의 몇몇 가구를 동경의 눈빛으로 바라보았다. 궤짝들은 매우 오래되었으며 기묘했다. 진기한 장도 몇 개 있었는데 만든 지 오래된 듯 보였다. 서울에는 놋쇠 문양으로 장식한 이러한 종류의 가구가 상당히 많았다. 이러한 가구는 음식을 담은 접시를 올려놓는 데 쓰는 작고 낮은 상과 더불어 조선인의 소박한 욕구를 충족시켰다. 조선인들은 잠은 바닥에 누워서 자고 다른 때는 쭈그리고 앉았던 것이다.[143]

다음날은 일요일이어서 우리는 쉬는 날로 생각했고, 잠자리에서 늦게 일어나 느긋하게 비축품을 나누어 짐을 다시 꾸렸다. 굿 애덤스와 나는 이곳에서 헤어져야 했기 때문이다. 추수가 한창이어서 짐꾼을 여섯 명밖에 못 구한 반면에 식량을 조금이라도 사람의 등으로 져 날라야 했기 때문에 우리 두 사람에게 필요한 일꾼은 아홉에서 열 명은 되어야 했다. 홍콩으로 돌아가기 위해 일본으로 가야 했던 나는 이곳

사냥꾼과 길잡이들, 보천.

에서 해안으로 되돌아가기로 했다. 나는 장군에게 최대한 일찍 홍콩으로 돌아가겠다고 약속했다.

보천은 열두 가구의 작은 마을로 일부는 강물에 휩쓸려 내려온 너덜로 형성된 섬에 있었다. 강은 이곳에서 서쪽으로 흘러 가림佳林[144]에서 압록강으로 떨어진다. 주변의 고개 정상은 모두 같은 높이로 해발 4000피트였다. 오래 전에 백두산이 엄청난 양의 용암을 남쪽과 남서쪽으로 퍼부었음이 틀림없다. 약 1000피트 깊이의 이 퇴적물 계곡으로 여러 강이 점차 합류한다. 나는 화산암이나 응회암, 속돌 이외의 다른 바위나 돌은 거의 보지 못했다.

점심을 먹은 뒤 마을 북쪽의 가파른 고갯길을 따라 올랐다. 정상 근처에 높이가 4피트쯤 되는 긴 사슴 울타리가 있었다. 울타리에는 일정

한 간격을 두고 문이 있었고, 울 안쪽에는 콩을 한 줌씩 뿌려놓고 걸려드는 짐승을 잡기 위해 문마다 조심스럽게 올가미를 설치했다. 굿 애덤스를 앞질러 가던 나는 담황갈색 고라니 한 마리와 우연히 마주쳤다. 5야드 앞에서 벌떡 일어난 고라니는 겨우 10야드를 달아나 멈추어서더니 가만히 있는 나를 응시하면서 계속 풀을 뜯었다. 물론 분명히 나를 경계하고 있었다. 내겐 총이 없었기 때문에 10분 정도 그 짐승을 쳐다본 뒤에 계속 진행해 너비가 약 500야드 되는 평평한 고갯길을 넘었고, 우리는 그 북쪽 끝에서 백두산을 볼 수 있었다. 우리가 서 있는 곳은 거의 해발 4000피트는 되었고 경사계를 신중하게 관측해보니 북쪽과 서쪽, 남서쪽으로 이어진 모든 능선이 거의 비슷한 고도에 있었다. 백두산까지의 거리를 33마일로 추정하니 (이후 우리는 이를 증명했다.) 산의 높이는 약 8600피트가 되었다.(뒤이어 굿 애덤스는 아네로이드 기압계를 이용해 약 8900피트로 측정했다.)

백두산의 봉우리들은 군데군데 검은색이 보이기는 했지만 대부분이 희게 번쩍였고 북서쪽에서 북동쪽으로 볼 때 다른 산보다 훨씬 더 높이 솟아 있었다. 봉우리 아래쪽은 거대한 검은색 화산암 벼랑이며, 벼랑 밑으로는 물길이 골을 이루어 흐르는데 마치 아래쪽의 검은 구렁 속으로 수직으로 떨어지는 듯했다. 우리와 백두산 사이는 언뜻 보기에 낙엽송으로 뒤덮인 평원이었으나, 그 속에는 분명 압록강의 지

백두산 원경.

류들에 침식된 계곡이 무수히 많으리라는 것을 우리는 알고 있었다. 망원경으로 볼 수 있는 산의 흰 외관은 눈 때문이 아니라 속돌과 푸석 푸석한 화산재 탓이었다. 1000피트 발 아래에는 조선인들이 압록강이 라 부르는 강의 계곡이 화산암 평원 한가운데로 굽이쳐 지난다. 만주 쪽에는 여기저기 숲을 개간한 곳에 중국인의 가옥이 있었다. 집 주위 에는 목재가 높이 쌓여 있는데 중국인들에게는 목재를 벌목해 강물에 띄우는 일이 생계의 수단이었고, 밀수와 사냥은 보조적인 생계 수단이 었다. 북쪽 국경에서 중국과 러시아의 만주 땅으로 금 밀수를 통한 교 역이 상당히 활발하게 이루어졌지만, 그 양을 측정하기는 불가능하다.

우리는 백두산에 눈이 쌓여 있지 않다는 정보를 갖고 보천으로 돌아왔다. 그러나 백두산이 언제나 눈으로 덮여 있다는 것은 오랜 전승이 확인해 주는 사실이었으며 모든 조선인의 마음에 깊이 새겨진 확신이었기에 사람들은 우리의 정보를 믿지 않았다. 통역관과 윤은 백두산으로 간다는 데에 분명히 절망적인 공포를 느꼈을 것이다. 정상에는 서낭당도 없고, 옛날에 어느 조선인이 정상에 도달했지만 산신령이 감히 산에 오른 데 대해 심히 분노하고 그의 목을 (다른 이의 설명으로는 다리를) 1야드나 길게 늘여 놓았다고 하면서 두려움을 보였다. 윤은 처에게 보내는 안부 편지를 내게 맡겼고, 나는 그 편지를 해안으로 가져갔다. 윤은 자신의 삶의 마지막 날이 왔으며 자신의 뼈는 백두산에 묻히리라고 생각했다. 나는 원산에서 그 편지를 서울에 있는 스트리플링 씨에게 보냈지만 윤의 처가 받았는지는 알지 못한다.

1889년에 캠벨 씨는 압록강 건너의 중국인 사냥꾼에게서 이곳에 호랑이가 아주 많다는 말을 들었다. 그러나 마을 사람들에게 세심히 탐문한 결과 근처에서 호랑이가 발견되었다는 증거는 없었다. 주민들은 곰, 사슴, 꿩에 대해서는 알고 있지만 호랑이와 표범에 대해서는, 비록 백두산 근처의 숲에 그 동물들이 서식하고 있다고 인정은 하면서도, 아는 바가 없었다. 마을 사람들의 믿음은 옳았다. 굿 애덤스는 백두산을 오가는 길에서 생긴 지 얼마 안 된 호랑이 자취를 수없이 발견했다.

우리는 원주민에게 질문을 하는 과정에서 서울내기인 윤과 이곳 사람들 간의 의사소통에 어려움이 약간 있음을 알았다. 이곳의 방언은 무지한 우리가 듣기에도 남쪽에서 쓰는 말과 매우 달랐다. 그때까지 그 무서운 짐승을 가리키는 말은 '호랑이'였지만 여기에서는 그 말이 통하지 않았다. 대신 이곳 사람들은 '범'이라는 말을 썼다. 주민들은 중국어에 매우 익숙해 요리사는 중국어와 조선어를 섞어가며 대화할 수 있었다. 언어학자들은 조선어의 자모가 세계에서 가장 합리적이고 가장 단순하며, 중국어의 복잡한 문자 따위는 전혀 없다고 말한다. 그러나 단순하다는 사실 때문에 하층민과 여성만 이 문자를 사용하며, 교육받은 자나 관리는 누구나 한자를 이용해 생각을 표현한다. 그래서 마부들이 대체로 장승에 새겨진 문자를 해독할 수 없었던 것이 놀랍지 않았다. 일본의 사정도 다소 비슷하기는 했지만 일본 일간지는 한자와 일본문자를 병행해 인쇄하므로 상층 신분뿐만 아니라 하층민도 내용을 이해할 수 있다.

10월 5일 월요일, 굿 애덤스는 백두산을 향해 출발했다. 비축 식량은 간소하게 하고 다른 짐도 최대한 줄여 윤과 통역관, 여섯 명의 짐꾼이 먹을 보름치 기장을 합해 한 사람당 겨우 75파운드만 나르면 되었는데도 큰 불평을 낳았다. 어쨌든 굿 애덤스는 오전 9시 30분에 길을 떠났고, 나는 강을 따라 가림까지 동행했다. 오두막 다섯 채가 있는 그곳에서 강은 압록강에 합류했다. 마을 입구에는 새로 세운 놀랄 만큼 소름 끼치는 장승 두 개가 새로 세워져 있었고, 일본의 '도리이' 같은 관문이 갑산 도호부와 삼수 현의 경계를 표시하며 서 있었다. 이 장승들은 그때까지 우리가 본 것 중에서 인간의 용모를 가장 추하게 표현하고 있어서 이 중 하나를 사진에 담았다. 장승에 새겨진 명문에 따르면 서울에서 이곳까지 1330리였다. 우리가 지나온 길로는 1617리였지만 북청과 함흥을 경유한 길로 치면 거리는 꽤 정확했다. 다른 모든 사진처럼 이 사진도 실패였다. 보천에서는 쌀을 살 수 없어 가림에서 짐꾼들이 약간의 쌀을 매우 어렵고도 비싸게 구입해 올 때까지 45분을 기다렸다. 백두산에서 끓여 혹 올지도 모를 악귀들을 달랠 쌀이었다. 악귀들은 향기로운 음식 냄새를 맡은 후엔 떠나가서 그 대담한 사람들이 조용히 밥을 먹도록 내버려 둘 것이었다. 그런데 내가 해안으로 데려간 요리사에겐 원산에서 가져온 쌀이 언제나 조금 있었고, 그 날 저녁에 나에게 키레로 맛을 낸 닭고기와 쌀밥을 내놓았다. 훌륭한 식사였다. 요리사가 그 대가를 충분히 받았는지, 아니면 자신의 소유로 챙기지 않겠다는 '고집'의 소산이었는지는 잘 모르겠다. 다시 출발한 우리는 통나무배를 타고 압록강을 건넜다. 그곳은 중국의 만주 땅이었다. 그곳에서 굿 애덤스와 나는 헤어졌다. 아쉽게도 나는 여행 목적을, 다시 말하면 백두산 등정과 호랑이 사냥을 하나도 달성하지 못했다. 그러나 우리는 여러 가지로 시간을 너무 많이 허비했기에 굿 애덤스가 산에 오를 가능성도 적었다. 1889년에 캠벨 씨는 눈이 내려 등정을 포기해야 했는데 굿 애덤스는 그보다 엿새나 뒤져 있었고, 길잡이가 아프다고 꾀병을 부렸기 때문이다.

나는 조선 땅으로 다시 돌아와 갑산 도호부의 군사와 함께 사슴이나 잡아볼 요량으로 전날 오른 산을 다시 올라갔다. 사슴의 흔적은 아주 많았다. 화산암 바위와 쓰러진 나무들을 오르자니 매우 더웠고 힘들었다. 한번은 벼랑에 매달려 있다가 한 손으로 낙엽을 짚었는데 갈색 독사가 그 밑에서 미끄러져 나왔다. 안타깝게도 총은 군사가 지니고 있었으므로 독사는 달아났다. 산꼭대기에서 사냥감은 전혀 발견하지 못했지만 매우 멋진 백두산의 전경을 보았다. 전날 밤 기온이 영하 5~6도였는데도 산에는 눈이 없었고, 이러한 사실은 그때까지 굿 애덤스의 탐험 여행이 성공할 가능성이 컸음을 의미했다. 물론 남은 여행 기간으로 예상되는 엿새 동안 많은 일이 일어날 수도 있었다. 오후 시간에는 굿 애덤스의 짐을 꾸렸다. 그 짐은 촌장이 맡아주기로 했다. 또한 가능하면 빨리 원산으로 돌아가길 원했으므로 다음 날 일찍 출발할 준비도 했다.

제 8 장
백두산 등정

보천에서 머무른 작은 농가는 강의 북쪽에 자리를 잡고 있었는데 아름답기가 마치 그림 같았다. 외진 곳이라고는 할 수 없으나 조용한 장소여서 그 집에 사는 사람들은 틀림없이 평온한 삶을 누렸을 것이다. 그해 이들이 경험한 단 한 가지 작은 소란은 식인 호랑이가 찾아온 일이거나, 정기적으로 소 떼를 몰고 중국에서 블라디보스토크로 이동하는 몰이꾼들이 그 집 앞을 지나간 일이다. 내 생각에 소 떼가 지나갈 때면 그곳에선 잔치가 벌어지고, 아일랜드 인들이 전야제에 마셔대는 위스키만큼 많은 술이 소비될 것이다.

나는 백두산 등정을 준비하면서 못생겼지만 충직한 조랑말을 이제 더이상 짐 나르는 일에 쓸 수 없음을 깨달았다. 짐은 일꾼들이 떠맡았고 나는 걸어야 했다. 걷기는 더디지만 확실하고 안전한 전진 방법이었다. 아! 그러나 때마침 수확 철이어서 일꾼은 여섯 명밖에 구하지 못했다. 여섯 명은 우리 두 사람에게 있어서 내 기대에 못 미치는 너무나 적은 숫자였다. 그래서 여행 동료인 캐번디시는 나와 동행하지 않기로 결정했다. 나는 또한 백두산에 오르는 두 가지가 길이 있고, 산이 매우 높다는 사실도 알았다.[145] 압록강 좌안의 길은 1889년 캠벨 씨가 백두산에 오르려 했을 때 지나간 길이어서 나는 강 우안의 길을 통하기로 했다.[146]

10월 5일에 보천을 출발했을 때 우리 일행은 잡다한 패거리였다. 일꾼들은 사슴 가죽으로 만든 바지와 윗도리를 입었고 테가 넓은 원추형 펠트 모자를 썼다. 나의 조선인 통역관(윤)은 한때 흰색이었을 긴 웃옷을 입었고 말총으로 만든 보통의 조선 모자를 썼다. 통역관의 좀 더 편리한 시골 의복을 입으라는 말에 결코 설득되지 않았다. 도읍의 멋쟁이로서 그런 옷을 입기에는 너무나 신분이 높았기 때문이다! 나 또한 장화 때문에 곤란했다. 장화의 한 쪽 뒤축이 떨어져 나가는 바람에 얼마 지나지 않아 불가피하게 원주민들이 신는 솜을 채워 넣은 양말과 밀짚 샌들을 신었다.[147]

백두산 근처의 압록강.

쌀을 구입한 가림 근처에서 흔들거리는 작은 통나무 배를 타고 압록강을 건넜다. 강은 정상 부위에 낙엽송과 군데군데 포플러가 자라는 높은 구릉 사이를 지나 남서쪽으로 흘렀다. 강물은 얕았지만 약 50야드 너비로 빠르게 흘렀으며, 여러 곳이 파이고 잘려나간 강둑의 높이로 추측하건대 눈이 녹을 때면 틀림없이 맹렬한 격류로 불어날 것이다. 만주 쪽외 강둑에서 사진을 여러 장 찍은 뒤 캐번디시와 헤어졌다. 사진은 어느 것 하나 만족스럽지 못했다.

작별을 고한 후 나와 일행은 강둑 아래로 내려갔고, 중국인들이 거주하는 조그마한 통나무집에 도착했다. 중국인들은 우리를 우습다는 듯이 쳐다보았지만 매우 친절하여 우리를 도와줄 것만 같았다! 백두산이 주봉인 창바이(장백)산맥의 남쪽 사면에는 중국인이 많이 거주했지만 이 산맥을 넘을 때까지 중국인을 만나지 못한다. 그 산악지대에서 덫을 놓고 사냥하는 사람은 대부분 조선인으로 초가을이나 늦여름에 국경을 넘어 만주로 건너와서 11월쯤 눈 때문에 돌아가야 할 때까지 그곳에 머무른다.

산둥山東성 출신의 이 중국인들은 아일랜드 어와 다소 유사한 독특한 방언을 말했고 그로써 잘 구별되었다. 이 중국인들은 단정하지 못하고 지저분하며 무자비한 살인자처럼 보이는 건달패로 자신들의 고장에서 그토록 멀리 떨어진 이곳까지 어떻게 왔는지 나는 모른다. 누구는 그들이 제대한 병사라고 하고, 또 다른 사람들은 아무르 강[148] 대신 압록강 유역으로 추방된 불량배라고도 했다.

압록강 양안의 조선과 중국에는 장대한 나무가 풍부했으며 이 중국인들은 벌채하는 일에 종사했다. 물론 그들에겐 조선 땅에서 벌목할 권리가 없었다. 이 나무들은 조선 임금에게 속한 재산이었지만, 조선 당국은 자신들의 종주국 군주인 중국 황제의 기분을 상할게 할까봐 두려웠기 때문에 이 약탈자들에게 권력을 행사하기를 싫어했다. 따라서 조선 땅의 보천 아래로 한참 내려간 곳에서도 중국인이 벌목하는 장면을 목격할 수 있다. 그러나 중국인에겐 조선의 나무를 건드릴 권리가 없었기 때문에 이러한 행위는 나쁜 감정을 크게 유발했고, 유혈극으로 이어지는 경우도 드물지 않았다. 그렇게 벌채된 나무는 압록강의 우안에서든지 그 반대편에서든지 뗏목으로 만들어져 강어귀까지 떠내려가고, 그곳에서 중국의 여러 지역으로 옮겨진다.

이 중국인의 오두막을 지나 몇 마일 더 가니 길은 갑자기 정북으로 바뀌어 언덕의 사면으로 올랐고, 우리는 백두산과 그 너머 몇 마일 더 이어진 숲 속으로 들어갔다. 나무들의 어두운 그늘 밑으로 들어간 순간 극심한 추위가 엄습해 왔으며 음산하고 어두컴컴해 길 양쪽으로 약 6야드가 시계의 한계였다.

숲 속 1~2마일 안쪽에서 사냥감다운 것과 마주쳤다. 나는 소총을 안전장치를 걸어놓은 채 들고 다녔고, 그래서 갑자기 새 한두 마리가 푸드덕 날아오를 때에도 당연히 노리쇠를 전진시켜 놓는 것을 잊고 있었다. 그러나 그것이 그렇게 중요하지는 않았다. 매우 놀랍게도 새들은 겨우 몇 야드 날아가더니 나뭇가지 위에 앉았다. 나는 두 마리 다 잡았는데 부끄러워 말하고 싶지도 않을 정도다. 한 마리를 처치할 때까지 나머지 한 마리는 기다리고 있었던 것이다. 나중에 확인한 바로 그 새는 들꿩(Tetra Omisia)이었다.[149] 일꾼들이 자신들은 잘 먹는다고 해서 나도 그날 저녁에 꿩고기를 한번 먹어보려 했지만 실패하고 말았다. 중국에서 먹을 수 있는 가장 질긴 비프스테이크보다도 더 질겼기 때문이었다. 그러나 며칠 동안 사냥한 새들을 갖고 다니면서 늘 그 새들이 좋은 먹을거리였음을 깨달았다. 배가 고파서 그랬을 수도 있지만, 여태껏 사냥해 잡은 짐승 중 제일 나아 보인 것은 분명했다.

 길의 어느 편이든지 굵게 자란 관목 때문에 지세를 파악하는 일이 매우 어려웠으나 간간이 우리 아래쪽 어느 한편으로 물이 쇄도하는 소리가 들리는 것으로 미루어서 압록강의 두 지류 사이에 놓인 지맥을 치고 올라가는 것만은 분명했다. 우리는 하루 종일 쉬지 않고 아주 완만한 오르막길을 탄 끝에 해발 약 4100피트의 고도에 도착해 야영을 했다. 아니 차라리 비박bivouac을 했다고 해야 옳았다. 개울을 만날 수 없어서 이끼에 주석 깡통을 묻고 물이 흘러들기를 (땅은 매우 습했다.) 기다리는 것으로 만족해야 했다. 곧 나무를 베어 모닥불을 피웠다. 불길이 15야드나 올라가는 큰 불이었다. 추위가 극심했기에 우리는 나무가 활활 타오르기를 간절히 원했다. 식량은 리비히 통조림[150]과 브랜디에 바구미가 꼬인 비스킷, 사냥으로 잡은 짐승이 전부였다. 나는 친절하게 조선인 동행자들에게 비스킷을 권했지만 이들은 정중하게 거절했다. 나도 먹기가 불편해서 내버리고는 삶은 기장에 의존할 수밖에 없었다.(기장은 일꾼들이 가지고 온 유일한 식량이었다.) 이 음식을 먹으며 17일을 버텼다. 두 번 다시 하고 싶지 않은 경험이었다.

 그러나 자리를 잡고 앉아 훌륭한 식사를 즐기기 전에 우리가 침범한 영역의 신령을 달래야 했다. 우리는 이 목적으로 쌀을 가져왔다. 빈약하기 그지없는 적은 양으로 밥을 지어 쓰러진 나무 기둥 위에 차려

놓고 반쯤 식을 때까지 15분 남짓 기다렸다. 그동안 사내들은 (자칭 불교도였지만) 그 앞에 서서 중얼거리고, 중국식으로 손을 흔들고, 때때로 가래를 내뱉었다. 주문이 끝나자 밥을 불가로 도로 가져와 엄숙하게 먹었다. 이들이 내게 설명한 바에 따르면 산신령은 밥을 먹을 수 없고 오직 냄새만 요구하기 때문에 이처럼 작은 호사를 누려도 아무런 해가 없었다.

우리가 곧 잠을 자기 위해 불가에 누웠을 때 어리석기 그지없는 두 통역자가 덮을 것을 가지고 오지 않았다는 사실을 알았다. 누군가가 그들에게 그렇게 자면 밤에 자다가 굴러서 모닥불에 너무 가까이 갈 수도 있고 때로 담요에 불이 옮겨 붙을 수도 있어 위험하다고 말했기 때문이었다. 내게는 담요 한 장과 방수 시트 두 장이 있었고, 그래서 부득이 두 사람에게 방수 시트를 한 장씩 주어야 할 것 같은 생각이 들었다. 밤중에 내린 비가 얼어붙는 바람에 나 또한 매우 비참했다. 아침에 일어나려니 마치 죄수가 입는 수인복을 입고 있는 듯했고, 실제로 담요는 감으려 했더니 찢어졌다.

그날 밤에도 분명 모닥불의 불빛에 이끌린 정체불명의 짐승들이 계속 울고 짖어댔다. 나는 그놈들이 틀림없이 자칼이나 그 비슷한 종류일 거라고 생각했다. 이튿날 나는 그 흔적을 찾으려고 했지만 실패했다. 이끼 낀 바닥에 솔잎이 덮여 있어 발자국이 남아 있지 않았기 때문이다.

날마다 대체로 비슷하던 여정은 줄여 말하더라도 단조로웠다. 좌우로는 무성하게 자란 관목 탓에 아무것도 보이지 않았으므로 시야는 앞뒤로만 제한되었다. 게다가 길 상태는 곧 매우 나빠졌다. 내 생각에 그 지긋지긋한 숲 속에는 실제로 서 있는 나무보다 쓰러진 나무가 더 많아 보였다. 이 장애물들은 거의 열 발자국마다 길을 가로막고 쓰러져 있었다. 돌아갈 수도 없었으므로 어떻게든 이 장애물들을 넘어가야 했다. 한번은 나무가 너무 커서 계속 뛰어넘거나 기어 넘느니 차라리 그 밑으로 기어가는 편이 더 낫다는 사실을 알게 되었다. 이 지역을 통해 돌아오는 길에는 숲 전체가 불꽃에 휩싸였는데, 그 광경을 보니 아주 만족스러웠다. 서 있는 나무와 쓰러진 나무가 모두 불타고 있었으므로 더는 이 장애물들을 기어 넘을 필요가 없었고, 단지 잿더미 사이로 길을 잘 고르기만 하면 되었다. 물론 이따금씩 짚신과 버선이 불에 탄 점은 언급해야겠다. 나중에 조선으로 돌아왔을 때 원주민들은 무례하게도 우리 일행에게 화재의 책임이 있다고 말했다. 어느 때인가 아침에 출발하기 전에 모닥불을 끄지 않아서 불이 났다는 이야기였다. 생각하지도 못한 일이지만 몇몇 덫사냥꾼들이 우연히 보천을 지나가다 이러한 이야기를 퍼뜨렸다. 이것은 완전한 거짓말이었다. 우리가 지핀 모닥불은 대개 진화할 필요조차 없었고, 또 그럴 필요가 있는 경우에는 언제나 내가 직접 맡아 처리했다. 법 집행은 조합이 한다. 제임스 씨가 (그의 책 『장백산』에서) 언급한 적이 있는 이 조합은 창바이산맥에서 활동하는 덫사냥꾼들의 이익을 돌보았다. 그러한 산불은 전 세계 가운데에서도 이 지역에 널리 퍼진 검은담비와 비버를 사냥하는 업종에 매우 파괴적인 영향을 미치기 때문이었다. 덫사냥을 주로 하는 조선인들이 이 조합에 종속되어 있는지 아닌지를 나는 알지 못하지만 그렇지 않기를 바라야 했다.

아흐레 동안 걸은 끝에 마침내 나무가 없는 지맥의 정상에 올랐다. 두말할 것도 없이 매우 상쾌했다. 바람은 차고 매서웠지만 태양은 밝게 빛났으며 하늘엔 구름 한 점 없었다. 다른 무엇보다 백두산이 시야에 들어왔다.

나는 그 전경에 상당히 실망했다. 너무 높아 보인 데다 유사한 높이의 다른 산들이 없어 높이를 가늠할 수 없기 때문이었다. 산이 너무나 가깝게 보여서 나는 적어도 다음날이면 산에 도착할 수 있으리라고 생각했다. 그러니 나는 크게 잘못 생각하고 있었고 걱정되기 시작했다. 그때까지 우리는 몰이꾼들이 조선쪽에서 소 떼를 몰고 만주의 시장으로 다닐 때 이용한 길을 내내 따라왔는데, 이 길을 따라 숲 속으로 너무 멀리 진행해 실제로 백두산의 서쪽 편에 나란히 와 있었다. 그러나 백두산에 도달하려면 산맥과 계곡을 세 개씩 넘어야 했다. 어떤 종류든지 길이 없다면 결코 보통 일이 아니었다. 일꾼들은 대체로 백두산의 신성한 땅을 밟으려 하지 않았다. 원주민들은 산신령의 한거閒居를 방해하는 자에게는 무서운 처벌이 내린다고 굳게 믿고 있었다. 많은 교육을 받은 통역자(윤)조차도 이 아둔한 미신을 극복하지 못했다. 일꾼들은 길을 잃었다. 아니 적어도 길을 잃었다는 말을 했다. 그리고 나에게 돌아가자고 간청했다. 그들은 말했다. "무엇을 더 원하는가? 당신은 백두산을 보았고, 그것이면 충분하다. 도저히 정상에 오를 수 없을 것이다."

거의 벽에 부닥친 상황이었다. 일꾼들은 계속해서 돌아가자고 졸라댔고, 귀가 아프도록 길을 잃었다는 말을 반복했다. 그러나 목적지가 확실히 눈앞에 보이고 직선거리로 그다지 멀리 떨어져 있지도 않은데 길을 잃었다는 말은 인정할 수 없었다.

잠시 후에 일꾼 중 하나가 근처에 있는 검은담비 덫사냥꾼 한 사람을 알고 있는데 그 사람이라면 옳은 길을 가르쳐 줄 수 있을지 모른다고 말했다. 그래서 사냥꾼을 찾으러 그 사람을 보냈고, 약 3시간 후에 일꾼과 그의 친구인 사냥꾼이 모습을 드러냈다. 난 그 사람이 확실히 우리에게 길을 알려 줄 수 있을 것 같아서 크게 안도했다.

이제 우리는 산을 향해 곧바로 진행했다. 물론 우선은 그 사냥꾼의 거처가 있는 계곡으로 내려갔다. 사냥꾼이 우리를 데리고 간 계곡은 오두막에서 거의 2000피트나 높이 솟아 있는 구릉에 둘러싸여 있었으며 삼각형 형태를 띠고 있었다. 나는 『무장 강도』에 묘사된 홀랜스 Hollance가 생각났다.[151] 너비가 약 10에이커인 매우 평탄한 땅에 시내가 몇 줄기 가로지르고 있었다. 그렇지만 살아 있는 짐승이 없는 것이 가장 아쉬웠다. 알아보니 이곳에 서식하는 동물로는 딱따구리, 비버, 검은담비에다 멧돼지 몇 마리와 곰 한두 마리가 있었고, 겨울에는 이따금 호랑이나 표범이 보이기도 한다 했다.

사냥꾼의 작은 오두막에 도착했을 때 어둠이 빠르게 내려깔렸으나 백두산 신령의 특별 영역으로 들어왔으므로 다른 무엇보다 앞서의 경우와 똑같이 엄숙하게 쌀의 비책을 실행해야 하였다. 사람들은 거의 들리지 않을 정도로 속삭이는 말로 공중으로 총을 한 발 발사해 산신령을 달래라고 내게 특별히 요청했다. 나는 말할 필요도 없이 그날에 벌어진 일들, 특히 성인 남성들의 그 우스꽝스러운 제안에 매우 불쾌했지만 성가신 홀어미 같이 줄기차게 졸라대는 통에 공중에 대고 총을 발사했다. 탄창을 하나도 아니고 두 개나 비우고 나서야 기장밥을 먹고 잠자리에 들었다.

이튿날 우리가 갈 길은 시냇가를 따라 이어졌다. 강둑의 높이는 꼭 200피트였다. 이제 길을 잃을 염려는 없었다. 나이가 가장 많은 짐꾼은 적막한 작은 오두막에 남겨두어 주인 없는 세간을 돌보게 하고 대신 사냥꾼을 데리고 갔기 때문이었다. 일꾼들은 모두 매우 건장한 사

조선 짐꾼들.

내였지만 이들도 고된 여정과 부실한 음식에는 어쩔 수 없었다. 그래서 가장 지친 사람을 남겨두어 귀환 여정을 준비하게 하는 편이 좋겠다고 생각했다. 불쌍한 늙은이! 어느 날 밤 야영지에 도착했을 때 그가 너무나 지쳐 밥을 먹지도 못해서 나는 브랜디 한 잔을 마시라고 권했다. 대부분의 사람들이 (적어도 유럽인이라면) 다 마셔댔겠지만 그는 잔을 동료 일꾼 모두에게 돌렸다. 각자 한 모금씩 마시니 그의 몫으로 남은 양은 얼마 되지 않았다. 그러나 비록 적은 양이었지만 브랜디는 효과가 있었고, 나는 회복된 그의 모습을 보게 되어 기뻤다. 그의 동료들은 그 노인에게 매우 친절했다. 그가 피로할 때면 언제든지 자신들의 짐에 더해 그의 짐을 교대로 날랐다. 노인에게는 죽은 나무를 잘라 땔감을 마련하는 일도 전혀 기대하지 않았다. 그의 업무는 기장을 썻고

불을 지피는 일이었다. 나는 이처럼 성품이 좋고 열심히 일하는 사람들을 만난 적이 없었다.

우리가 따라가는 시내를 언제나 볼 수 있는 것은 아니었으나 강기슭이 돌출하지 않은 곳에서는 이따금씩 포효하는 급류를 볼 수 있었다. 급류는 하상에 박힌 거대한 바위들을 뛰어넘고 돌아가며 많은 통나무를 떠내려 보내고 있었다. 사냥꾼은 나에게 이 물줄기가 압록강의 지류라고 말했다. 그러나 그럴 리가 없었다. 우리는 창바이산맥의 북사면에 있었고, 이곳에서 물은 북쪽의 쑹화강松花江(Sungari)으로 흘러들어갔다.

거의 매일 사태가 나서 강으로 흙이 쓸려 내려간 것 같았다. 부드러운 화산성 토양의 갈라진 틈은 갓 형성된 듯이 보였기 때문이다. 나무 한두 그루가 상당한 양의 흙과 함께 아름답게 강둑 아래로 미끄러져 물속으로 사라지는 장면을 보기도 했다. 가까운 곳의 가파른 강둑에는 마치 술에 취한 듯한 자세로 기울어져 서 있는 수많은 나무는 어떻게 그런 위치에 들러붙어 있을 수 있는지 경이롭기 그지없었다. 해발 6600피트인 이 고도의 나무들은 성장이 저해되었다. 저녁 무렵에 우리는 400피트 아래쪽에서 야영을 했다. 날씨는 혹한이었다. 낮이나 밤이나 몸이 얼어붙을 듯 추웠고, 북서쪽에서는 살을 에는 바람이 늘 불어댔다. 그런 날씨 탓에 밤에 우리는 누구도 잠들지 못했으며, 모닥불 가에 떼로 모여 몸의 이쪽저쪽을 교대로 따뜻하게 했다.

하루를 더 진행하여 우리는 그토록 먼 길을 걸어 오르려 한 백두산에 닿았다. 낮에 흰 턱수염과 긴 백발을 휘날리는 고령의 조선인 뎃사냥꾼을 만났다. 우렁차게 웃으며 다가온 노인의 용모는 매우 거칠었다. 사람을 깜짝 놀라게 할 정도의 웃음소리는 윙윙거리며 나무 끝을 스치는 바람 소리와 발아래 먼 곳에서 흐르는 실개울 소리만이 들리는 산 속의 고요함과 너무나 어울리지 않았다. 노인은 자신의 일화들로 나의 수행자들을 한동안 계속 웃게 만들었고, 마침내 서울 출신의 양반 친구인 윤이 노인을 촌놈이라고 놀렸다. 이 일로 윤은 크게 혼났다. 사냥꾼 노인이 점잖게 지팡이를 들어 그를 공격하더니 마치 왕처럼 당당하게 제압했다. 두 사람은 그러는 동안 내내 웃고 있었지만, 나는 윤이 전혀 좋아하지 않는다는 것을 알 수 있었다. 즐거웠다. 서울 출신들은 처지가 좋지 못한 시골 사람들을 대할 때에 매우 거만하고 건방졌으므로 언젠가 이와 같은 일이 벌어지기를 오래 전부터 고대했었다.

하루 종일 계속 올라서 해질녘에 해발 6200피트의 고원에 당도했다. 고원에 나 있는 기분 좋은 작은 숲과 매우 높이 자란 풀 사이로 몇 마일을 걸었다. 키 큰 풀은 늦가을이어서 대부분 땅바닥으로 누웠다. 저녁 6시쯤 중국인이 거주하는 외딴 오두막이 눈에 들어오자 몹시 지

중국인 사냥꾼의 오두막집.

친 우리는 모두 매우 기뻐했다. 우리는 내심 이곳에서 돈을 지불하고 음식을 조금 얻을 수 있기를 기대했지만 있는 것이라곤 감자뿐이어서 실망했다. 하지만 이마저도 큰 사치였고, 나는 감자로 훌륭한 식사를 했다.

내가 온돌 위에 누워 자려고 할 때 주인이 우리에게 자기 친구 자리는 남겨둬야 한다는 말을 듣고서야 이 집에 거하는 중국인이 또 한 명 있음을 알았다. 우리는 빈틈없이 누웠고, 나는 너무 끼어서 잠을 잘 수 없었다. 내 옆에서 자는 영광을 싸워 얻은 윤이 자면서 계속 돌아 내 자리를 빼앗고 나를 벽으로 밀어붙였기 때문이다. 윤은 또한 지독히 심하게 코를 골았다. 나는 적어도 열두 번은 윤을 깨워 계속 그러면 온돌에서 밀어 떨어뜨리겠다고 경고했지만 모든 것은 허사였다.

이제 우리는 산이 솟구치는 지점의 고원에 올라 있지만 중국인 집주인들로부터 산을 오르는 방법에 관해 어떠한 정보도 얻지 못했다. 이들 또한 지나치게 미신에 사로잡힌 나머지 스스로 산에 오를 시도는 하지 못했기 때문이었다. 그들은 실제로 그렇다고 고백했다. 제임스와 풀퍼드, 영허즈번드는 이 오두막에서 등정을 시작해 북사면을 타고 산에 올랐으나, 그들이 정확히 어떤 경로를 지나 정상에 도달했는지 전혀 알 수 없었다. 따라서 나는 윤과 덫사냥꾼을 대동해 눈에 보이는 가장 높은 봉우리로 곧바로 치고 오르기로 결심했다. 나머지 일행은 백두산 산신령의 진노가 그 우매한 머리에 내리는 것을 원치 않았기 때문에 어떤 식으로든 등정에 관여하지 않으려고 했다. 나는 어두워지기 전에 돌아와야 한다는 점을 인식하고 있었으므로 크게 개의치 않았다. 나는 애초에 이들 모두가 기꺼이 등정에 참여하리라고 믿었다. 전날 한밤중에 모두 근처의 작은 통나무 건물로 가서 중얼거림과 손 흔들기, 밥 올리기, 가래 뱉기의 통상적인 의식을 수행했다. 그 의식은 이제까지 내가 본 것 중 가장 인상적인 의식이었고, 내 편에서도 의지를 다지는 계기가 되었다. 나는 이러한 감명 깊은 의식이 분위기를 쇄신하고 그들을 대담하게 만들어 아무런 위험 없이 산신령의 수염을 잡아당기게 할 것으로 생각했다. 그러나 그렇지 못했고, 나는 겨우 두 사람만 대동하고 올라야 했다.

등정의 전반부 처음에는 바람과 비에 쓰러진 풀밭을 지났고, 그 다음에는 성장을 멈춘 낙엽송과 자작나무, 그리고 여기저기 흩어진 진달래 군락을 지났다. 여름에 진달래가 꽃을 피우면 틀림없이 장관이 연출될 것이다. 정상부의 약 1000피트까지는 경사가 급하지 않아 등정이 비교적 쉬웠다. 그렇지만 후반부는 매우 고되었다. 가루가 된 속돌이 온통 뒤덮고 있어서 내딛는 발걸음마다 깊이 빠졌다.

오두막에서 2700피트를 오르자 백두산 정상에, 그곳이 정상이었다면, 도달했다. 드디어 나는 해발 8900피트의 고도를 정복했다. 사실 백두산은 사화산이므로 정상이 없다. 만일 존재했다고 하면 오래 전에 폭발해 사라졌을 것이다. 그렇게 해서 형성된 분화구는 지금 물로 가득 차 있고, 둘레가 수십 마일에 모양은 거의 원형인 거대한 호수를 이루고 있다. 호수 둘레에 치솟아 있는 스무 개 이상의 봉우리 중 두 봉우리 사이에 도착하니 예기치 못하게 호수 앞에 서게 되었다. 호수가 너무나 갑자기 모습을 드러내 깜짝 놀랐다.

기막힌 풍광이었다. 호수의 절대적인 정적과 짙푸른 색깔은 내 안에서 폭발한 격정과 함께 발아래의 회색 및 흰색 비탈과 강한 대조를 이루고 있었다. 호수 표면의 고요는 봉우리들이 보호한 까닭에 유지되었다고 볼 수 있었다. 호수는 분화구 가장자리에서 250~300피트 아래쪽에 있었기 때문이다. 종류를 불문하고 살아 있는 생물이라고는

백두산의 호수.

하나도 보이지 않았으며, 산 아래로 조금만 내려가도 발견되는 동물들의 흔적조차도 없었다. 아래쪽 사면에서는 멧돼지와 사슴의 자취가 무수히 많았고, 떼 지어 몰려다닌다는 멧돼지들이 도처에서 땅 표면을 헤집어 놓았다.

정상에서 바라본 전망은 굉장했다. 산이 수 마일 안에서 주변 땅보다 훨씬 높이 우뚝 솟아 있었기 때문이다. 지린[152] 방향을 제외하면 눈길 닿는 곳마다 여기저기에 조금씩 맨살을 드러낸 숲뿐이다. 지린 방면으로는 수 마일에 걸쳐 평원이 펼쳐져 있었다. 우리는 평원의 기복에 가려진 작은 마을이나 고을에서 연기가 솟아오르는 것을 볼 수 있으리라고 생각했다.

나는 호수가 이토록 짙푸른 색깔을 띠게 된 화학적 원인이 있는지 확인하고 싶어서 호수 물을 조금 떠 가서 분석해보면 좋겠다고 생각했다. 그러나 불가능했다. 비탈은 거의 어디에서나 깎아지른 듯 가팔랐으며, 부서지는 속돌에 발을 내딛는 것은 매우 위태로웠다.

이 순간의 결과를 확인하기 위해 사진을 여러 장 찍은 뒤 오두막으로 되돌아왔다. 오두막에는 오후 늦게 도착했다.

망원경으로 호수 반대편 물가를 열심히 관찰하고 있는데 갑자기 등 뒤에서 무언가 목구멍으로 꼴깍 넘어가는 소리가 들렸다. 생각한 대로였다. 윤이 내가 맡겨둔 귀중한 브랜디 병을 입술에 붙이고 있는 것이었다. 나는 그에게 벌을 가할 좋은 기회라고 생각했다. 윤은 충분히 벌을 받을 만했다. 여러 차례 거짓말을 했으며, 일꾼들과 다투었고, 보천으로 올라오는 길에는 원산 부사가 우리에게 붙여준 관아의 보발을 (아니면 군사를) 우리가 모르는 사이에 쫓아냈다. 그 불쌍한 인사는 팁도 받지 못한 채 가야만 했다. 그래서 나는 몇사냥꾼이 히죽거리며 구경하는 가운데 윤을 야단쳤다. 이후로 윤은 나를 더욱 잘 섬겼다. 물론 윤은 중국과 조선의 모든 통역자가 그렇듯이 거짓말을 하지 않을 수 없었다.

통역자들은 많은 질문을 받는 것을 싫어했으며, 자신들의 말이 받아들여지는 것 같으면 요청된 정보를 구하는 수고를 피하기 위해 아무렇게나 대답했다. 한번은 윤에게 지나가는 길에서 가까운 어느 산의 이름을 물었더니 윤은 즉시 머릿속에 떠오르는 아무 이름이나 댔다. 나는 이전에 이 지역에 와본 적도 없는데 어떻게 알게 되었느냐고 물었더니 윤의 대답은 이러했다. "외국인들은 왜 늘 이곳은 어디고 저 산의 이름은 무엇인지 묻는가? 알면 무슨 소용인가? 어떤 곳이 있고 어느 산이 있다, 그러면 되었지 무얼 더 원하는가?" 지린 외각의 섬뜩한 두 장승에 관해서도 마찬가지였다. 장승은 10피트 높이로 서 있었다. 머리는 거칠게 조각되었으나 익살맞았고, 진짜 머리카락과 눈썹과 콧수염을 풀로 붙여 놓았다. 코는 붉게 칠했고, 눈은 핏발이 선 모습이었다. 세운 지 얼마 안 되는 장승으로 근자에 '술'을 바친 것이 분명했다. 황색 나무 기둥에 술이 튀긴 흔적이 여전히 남아 있었던 것이다. 윤이 내게 말하기를 이 장승들은 '신상神像', 즉 신을 모신 것이며 명문은 이곳에서 서울까지의 거리가 1330리라는 사실을 알려준다고 했다. 그러나 윤은 그 이상 해석해내지는 못했다. 내가 이해하기로 장승은 한 지역에서 다른 지역으로 넘어가는 가상의 통로 역할을 했다. 그렇지 않다면 그곳에 서 있을 이유가 없었다. 하나의 도에서 다른 도로 진입하는 곳에는 늘 통로가 있었다. 일반적으로 '도리이'처럼 두 개의 장대에 가로장 하나로 만들어졌는데, 문은 없었고 길은 종종 통로의 어느 한 편에서 몇 야드 떨어진 곳으로 나 있었다. 그러나 윤은 이러한 경우에도 동요하지 않았다. 그의 준비된 거짓말은, 고위 관료가 자신의 이름을 바꿀 때면 지역의 특정한 신령에게 바치는 제물로서 이러한 통로를 하나 세운다는 이야기였다. 새빨간 거짓말이었다. 확신하건대 중국인 통역자도 똑같았다. 다만 그는 영어를 말하지 못하고 나는 중국어를 말하지 못하기에, 그가 거짓을 말하고 있다는 나의 생각을 알릴 수 없었다.

다시 원래의 이야기로 돌아가자. 오두막에 도착한 직후 하늘이 흐려지더니 곧 눈이 내렸다. 눈발이 그토록 오래 머뭇거린 것은 행운이었다. 눈이 24시간 일찍 내렸다면 나는 산에 오르지 못했을 것이다. 실제로 탐험을 너무 늦게 시작했기 때문에 등정은 매우 급하게 진행되었다. 그러나 우리는 조선에 도착하고 나서야 시작이 늦었다는 사실을 깨달았다. 1889년에 캠벨 씨의 등정을 중단시킨 것은 눈이었고, 그는 우리보다 엿새나 일찍 출발했다.

내 계획은 백두산 등정을 마친 뒤 지린까지 서둘러 간 다음 무크덴[153]을 경유해서 기선을 탈 수 있는 뉴좡으로 가는 것이었다. 그러나 의복과 돈 등 내 짐을 남겨둔 보천에서 이 생각을 접어야 했다. 일꾼이나 노새로 짐을 운반하는 것이 불가능하다는 말을 들은 데다 조선인 수행자들은 백두산을 넘어 만주 땅으로 가기를 거부했다. 그 길로 갔더라면 창바이산맥을 다시 넘어야 할 필요가 없었으므로 수고와 불편을 한참 줄일 수 있었을 터였다.

이 정보가 정확한지 확인하기 위해 약 7마일 떨어진 근처의 중국인 마을을 찾았지만 그곳에서 어떤 운송 수단도 얻을 수 없다는 말을 다시 들었다. 지린에서 짐을 부칠 수 있을 때까지 기다리는 시간은 무한정 길어질 수도 있었다. 게다가 중국은 만주로 군대를 이끌고 침입한 외국과 전쟁을 하고 있었기 때문에(당시 어느 나라였는지 몰랐다.) 지린과 그 인접 지역에서 멀리 떨어져 있는 것이 나았다. 두 달 동안 신문을 읽지 못했다는 점을 기억할 필요가 있다. 따라서 나는 발길을 돌려야 했고, 대체로 전에 지나온 길을 따라 그대로 남행해 보천에 이르렀다. 보천을 떠난 지 모두 17일이 지났으며, 그곳으로 돌아와 마침내 음식다운 음식을 먹을 수 있어서 나는 매우 기뻤다. 많이 먹지는 못했다. 내가 가진 것은 죄다 통조림이었고 달리 구매할 수 있는 음식이 없었기 때문이다. 오랫동안 음식을 제대로 먹지 못해 많이 약해진 나는 체력을 회복하고 가장 가까운 역참인 운총에서 조랑말을 구할 때까지 보천에 며칠 머물기로 했다. 보름 동안 고기 맛을 보지 못했으니 망정이지 그렇지 않았더라면 통조림 소시지나 통조림 고기는 정말 지겨웠을 것이다.

나는 이곳에서 원주민 낚시꾼과 함께 송어 잡이를 즐겼다. 그 낚시꾼의 낚싯대는 매우 원시적이었다. 그저 막대기 끝에 10피트 정도의 천잠사를 묶어 놓고 인조 낚싯밥을 붙였을 뿐이었다. 나는 이 신기한 물건을 자세히 살폈다. 낚싯대의 주인은 접힌 옷소매 안에서 미끼 없는 낚싯바늘을 꺼내고 사슴 가죽으로 만든 외투에서 털을 몇 가닥 잡아 뜯어 낚싯바늘에 둘둘 감은 다음 가는 천잠사로 묶었다. 그렇게 해서 낚싯밥이 만들어졌다. 통역자인 윤을 통해 낚싯바늘도 그 어부가 직접 만들었다는 사실을 알았다. 이 이야기는 명백히 사실이 아니었다. 왜냐하면 낚싯바늘은 마무리 손질이 잘 되어 있었고 옻칠이 되어 있었기 때문이다. 아마도 블라디보스토크나 원산을 통해 들어왔을 것이다. 두어 시간 낚시를 하는 동안 우리는 둘이 합해 평균 무게가 반 파운드 정도인 작은 송어를 마흔 마리 넘게 잡았다. 그러나 대부분은 그 조선인이 낚아 올렸다. 그들은 외국의 낚싯밥은 조선에서 별로 효험이 없다고 했는데, 확실히 원주민의 기괴한 낚싯대만큼 효과적이지 못한 듯했다. 나도 원주민의 낚싯밥을 써보았지만 소득이 전혀 없어 포기해야 했다.

머칠 휴식을 취하자 조랑말들이 도착해 나는 갑산으로 출발했다. 일꾼들이 나를 배웅하러 와서 달걀과 꿀을 선물로 주었다. 나는 그들을 거의 알아보지 못할 뻔했다. 솜을 넣어 누빈 긴 외투를 입고 기이한 조선 모자를 쓴 모습이 너무나 생기 있고 말쑥한 데다 몸을 씻어서 갈색 피부가 뽀얗게 변해 있었다.

조선의 북쪽 지방에 사는 사람들은 확신하건대 남쪽 지방 사람들과 같은 인종이 아니다. 똑같이 게으르고 변변찮은 인간들이 아니라 그 반대로 최대한 열심히 일하고 근면한 사람들이었기 때문이다. 이 밖에도 갑산에서 북쪽 국경 사이의 원주민들은 긴 얼굴에 매부리코를 지녔고, 훨씬 더 남쪽에서 두드러진 편도 모양의 눈과 튀어나온 광대뼈는 거의 찾아볼 수 없었다. 짐작할 수 있듯이 방언 또한 크게 달랐다.

해안으로 갈 때는 보통 진행하던 속도의 절반으로 매우 느긋하게 갔다. 이 때문에 윤은 속을 태웠다. 윤은 누이의 혼인식에 참석하기 위해서 서둘러 서울로 돌아가려고 했다. 적어도 말은 그렇게 했지만 훗날 내가 알아낸 진실은 이러했다. 윤은 올라오던 길에 우리 허락도 없이 우리 이름을 팔아 운송 수단을 징발했고, 이 때문에 원산 당국이 자신을 찾을까봐 두려웠던 것이었다. 잡히면 영락없이 태형에 처해져 곤장을 맞을 것이었다. 이것은 자존심 강한 조선인에게 심히 불쾌한 일이었다. 태형은 죄수를 엎드려 놓고 매우 길고 평평한 곤장으로 바지를 입은 부분에 매질을 하는 것이다. 그렇지만 윤이 곤장을 맞는 일은 없었다.

능귀에 도착하자마자 앞서 지나온 길 대신 북청으로 가는 길에 올랐다. 해안에 가까워지면서 추위가 점점 가셨지만 여전히 매일 밤 온돌 위에서 자야 했고, 그렇지 않으면 몸이 얼어붙었다. 조선의 온돌은 실로 중국의 캉을 크게 개선한 것으로, 불을 때는 곳이 밖이나 다른 방에 있어서 잠자는 방 안에 연기가 가득 차는 것을 피할 수 있었다.

북청과 원산 사이의 사냥터는 수많은 백조, 기러기, 오리로 가득해 대단했다. 이 새들은 우리가 지나는 동안 내내 이제 막 추수를 끝낸 논에 내려앉아 이삭에서 떨어져 나온 알곡을 쪼아 먹고 있었다. 그 새들에게 가까이 다가가기는 매우 쉬웠다. 어떤 종류의 장치도 필요하지 않았다. 심지어는 총을 발사했는데도 그저 조금 날아갈 뿐이었고, 그 자리에는 다른 놈들이 와서 앉았다. 꿩과 메추라기도 매우 풍부했는데, 다만 꿩은 도무지 오리처럼 긴장을 늦추는 법이 없었다. 더군다나 개가 없으면 꿩을 날아오르게 하기란 지극히 어려웠다.

그럭저럭 편안한 여정을 거쳐 원산에 도착했다. 원산에서 즈푸나 톈진으로 가는 기선을 탈 작정이었다. 그러나 바다의 일기가 매우 험악한 바람에 할 수 없이 육로로 이동해 11월 9일 서울에 도착했다.

H. E. 굿 애덤스 홍콩, 1893[154]

제 9 장
보천에서 원산까지

　10월 6일 아침 8시 40분, 굿 애덤스를 위해 열일곱 꾸러미의 짐을 남기고 네 마리 말로 출발했다.(역마가 세 마리였고, 굿 애덤스가 원산에서 타고 온 회색 암말을 내가 올라탔다.) 암말의 수행자가 역마에 지불되는 값만 받고, 다시 말해서 역참당 50냥이나 일당 100냥을 받고 나를 따라 원산까지 내려가겠다고 요리사를 통해 자청했다. 그러나 그 사람은 원산에 도착하자 리당 11냥이라는 원래의 값을 치러야 한다고 주장했다. 처음보다 10배 많은 액수였다. 물론 그는 오해의 책임을 요리사에게 떠넘겼다. 그렇지만 결국 나는 매우 뛰어난 그 사기꾼에게 당초 요구된 액수보다 6000냥이 적은 2860냥만 주고 셈을 치렀다. 요리사는 원산에서 출발할 때 2달러의 선물만 받았으며, 우리와 하인의 식비를 정확히 기재해 두겠다고 공언했다. 그렇지만 원산에서 요리사가 나에게 빼앗아 간 돈은 아주 많았다. 내 식비로만 6500냥을 지불했다! 원산에 도착했을 때 요리사가 서울로 돌아가길 원한다고 말해서 나는 수도까지 가는 증기선 요금을 지불했다. 그러나 전형적인 중국인인 요리사는 자신이 순진한 서양인보다 뛰어난 사람이었음을 한 번 더 입증했다. 굿 애덤스를 기다려 그의 요리사로서 육로를 통해 서울까지 동행했던 것이다! 요리사는 보천에서 나보다 앞서 출발했지만 내가 강에서 능선 꼭대기에 도달했을 때 보이지 않았다. 나중에야 안 일이지만 요리사는 이틀 전에 중국인들과 조우한 집으로 갔고, 그동안 나는 울 밖에서 돌다가 그를 놓쳤다. 결국 지난 5일 저녁에 짐을 실은 조랑말들을 따라잡던 오두막에 내려왔을 때 한 시간이나 요리사를 기다려야 했다.

이 숲의 몇몇 소나무는 두께가 엄청났으며, 돛대처럼 곧게 뻗었고, 키도 꽤 컸다. 그러나 사람들이 횃불을 들과 다니는 바람에 작은 산불이 많이 발생했고, 그 결과 검게 그을린 나무줄기가 매우 슬퍼 보였다. 그렇지만 더 남쪽에서 마주친 상황과 같은 대대적인 파괴는 없었다. 크기가 2피트 정도 되는 대형 고사리가 여기저기 땅을 뒤덮고 있었다.

강 위의 능선 꼭대기에서 길이 터놓은 전망을 통해 백두산의 장관을 보았다. 보천 위의 고개에서는 실제적으로 내 눈과 거의 똑같은 고도의 지역이 30마일에 걸쳐 끼어든 까닭에 백두산의 완전한 모습을 보는 데 방해를 받았다. 그러나 700피트 더 높은 이 지점에서 보니 그 30마일은 시야의 아래에 펼쳐졌고, 백두산이 주변보다 얼마나 현저히 더 높은지 더 잘 감상할 수 있었다. 눈부시게 맑은 이날에 이 사화산은 북서쪽에서 북동쪽까지 눈길이 닿는 곳의 다른 모든 것보다 4700피트 더 높게 홀로 장엄하게 솟아 있었고, 나머지 땅은 끝없는 소나무 숲으로 보였다. 물론 나는 화산성 물질로 이루어진 광대한 지각 사이로 많은 시내가 깊은 계곡을 만들고 북과 남과 동으로 흘러 쑹화강과 압록강, 투먼Tumen강을 이룬다는 사실을 알고 있다. 이 화산성 물질들은 아주 오랜 옛날에 이 경이로운 산 주변의 땅 위에 널리 쌓였다. 나는 백두산의 신비스러운 고립이 어떻게 많은 전설과 신화를 탄생시켰고, 여러 시대에 걸쳐 그 인근에 거주하며 자연을 숭배하는 민족에게 퍼졌는지 잘 이해할 수 있었다. 백두산이 다른 모든 것보다 4700피트나 더 높게 솟아 있다고 말할 때에는 설명해야 할 것이 하나 있다. 백두산 발치의 해발 5000~6000피트에 이르는 능선은 훨씬 더 크고 오래된 화산의 잔존물이라는 점이다. 현재의 백두산은 오랜 휴지기 끝에 그 한복판에서 지하의 힘이 최후로 분출하는 가운데 솟구친 것이다.

이곳 빈터에 세 개의 조그만 신당이 있었고, 요리사가 내게 알려주었듯이 해마다 음력 8월 초나흗날에 백두산이 보이는 이 지점에서 조선 임금의 대리인들이 백두산 산신령에게 제사를 올렸다. 조선의 전승에 따르면 이 민족의 기원은 백두산 산신령의 권능에 있었다.

군사는 운총에서 올라올 때 지나온 우회로로 나를 안내하려 했는데 내가 때마침 그의 뜻을 알아차렸으며, 운총에는 오후 2시 30분에 도착했다. 나는 촌장의 집으로 가느라 시간을 지체하는 일을 피하기 위해 지저분한 작은 여관에서 쉬었다. 오후 4시 40분에 다시 출발해 저녁 8시에 동인에서 5리 떨어진 작은 마을인 선연리[155]에서 걸음을 멈추고 밤을 지냈다. 안간령 북사면의 작은 부락인 안간포[156]부터는 횃불을 들고 왔다.

이튿날 낮 11시에 갑산에 도착해 다시 객사에서 묵었다. 우리가 남겨두고 온 짐은 현금을 포함해 모두 안전했다. 그렇지만 추가로 생겨난 짐 때문에 역마가 두 마리 더 필요했다. 점심을 먹은 뒤 조랑말에 짐을 싣고 출발시켰다. 그리고 나는 요리사를 통역으로 대동하고 부사를 방문했다. 주민들의 호기심은 여전히 강했다. 떼로 몰려와 나를 둘러싸고는 내가 걸친 모든 옷을 자세히 살펴보았다. 그러나 내내 더할 나위 없이 정중했다. 나는 우리의 짐을 맡아준 부사의 배려에 고마움을 표시하고 나서, 열흘 안에 군졸을 보천으로 돌려보내 굿 애덤스를 만나도록 해 달라고, 굿 애덤스가 그때까지 백두산에서 돌아오지 않으면 사람을 보내 그를 찾아봐 달라고 부탁했다. 부사는 친절하게도 그렇게 하겠다고 약속하면서 나에겐 또 다른 군졸을 붙여주었다. 통역은 매우 어려웠다. 요리사는 영어를 조금밖에 이해하지 못했으며 고상한 조선말은 잘 못했기 때문이다. 조선말에는 (일본어처럼) 서로 다른 말씨와 활용이 있어 사람에 따라 높임말과 예사말과 낮춤말을 쓰는데, 요리사는 낮춤말이나 일꾼들이 쓰는 말만 할 수 있었다. 우리는 가끔 윤과 요리사가 피진 잉글리시[157]로 말하는 것을 들었다. 요리사에게 윤은 아랫사람으로 대우하고 말할 수 있는 자가 아니었기 때문이다.

날은 매우 춥고 자주 소나기가 내렸기 때문에 요리사는 이곳에서 삼수를 조금 마셔 대비했다. 그러더니 곧 취했으며, 그 다음에는 단단하게 탈이 났다. 요리사는 오후 내내 가련한 인간이 되었고 결국 배를 따뜻하게 하기 위해 집안으로 들어가 온돌 바닥에 엎드렸다. 요리사는 내 일의 일부에 대해 고약하게 굴었으므로 나는 그를 그다지 동정하지 않은 채 출발했다. 그러나 오후 5시 30분에 호린참에 당도했는데도 요리사가 나를 따라오지 못해 우리는 그곳에서 밤을 보냈다. 나는 요리사가 중병에 걸리거나 죽는 경우 내 처지를 생각해 보았으므로 밤 9시에 요리사가 좀 나은 상태로 도착했을 때 크게 안도하며 그를 환영했다.

10월 8일 새벽 6시에 출발했다. 기온은 화씨 31도였으며 강한 북서풍이 매섭게 불어와 능귀로 가는 길은 매우 추운 여정이었다. 능귀에서 조랑말들을 바꾸었는데 이놈들을 구하기까지 한 시간을 기다리는 동안 온몸이 얼어붙었다. 오전 9시 40분에 다시 출발했고, 상설 교량으로 강을 건너 북청과 해안에 이르는 가도에 올랐다. 이 길도 다른 길 못지않게 상태가 나빴으며 해발 4600피트의 재를 오르는 길은 끔찍하게 힘들었다. 미끄러운 검은 진흙에 박힌 전나무 뿌리와 바위들을 끊임없이 기어올라야 했다. 고갯마루에서 45분 동안 짐을 실은 말들을 기다린 다음 종포참終浦站[158]으로 내려갔다. 그곳에서 2시간 동안 머무르며 조랑말을 바꾸었다. 다시 출발하니 길은 시냇물을 따라 동쪽 방향으로 5리만큼 이어졌고, 그 뒤 지맥을 돌아 서남서로 급히 방향을 틀어 다른 시내의 상류로 올라갔다. 이때쯤 서서히 날이 어두워졌고, 간신히 횃불을 만들어 수목이 무성한 해발 5050피트의 고개를 넘었다. 저녁 8시 30분 황수원黃水院[159]에 도착해 밤을 보낼 수 있어서 너무 기뻤다. 하루 종일 날씨가 지독하게 추웠기 때문이다. 게다가 불쌍한 조랑말들은 종포참부터 출발하기는 했지만 무거운 짐 때문에 계속 넘어졌다.

기어코 조랑말 다섯 마리가 기진맥진해 더 이상 짐을 나를 수 없어서 이곳에서 여섯 마리를 새로 구하고 이튿날 아침 7시에 출발했다. 다행히 바람은 잦아들었고, 굿 애덤스에 대한 걱정도 덜었다. 그늘 안의 기온이 화씨 24도밖에 되지 않았으니 내게도 좋은 일이었다. 공기의 쌀쌀함은 상쾌한 정도여서 걷고 싶은 유혹이 일었고, 걷기는 기운을 크게 북돋았다. 황수원은 평원의 끝에 자리를 잡고 있었다. 숲으로 뒤덮인 산들로 둘러싸인 평원에는 화산암 덩이가 풍부하게 섞여 있었으며 협곡이 있어 동북동 방향으로 시냇물 두 줄기가 흘렀다. 평원 끝자락에 있는 이 강줄기의 남쪽 끝으로 내려간 다음 오전 10시 40분 후 치령厚峙嶺[160]에 닿았다. 작은 마을에서 마부들이 식사를 하는 동안 15분을 머물렀다. 개 한 마리가 다가와 내 손의 냄새를 맡더니 내가 쓰다듬는데도 물거나 짖지 않았다. 내가 본 수백 마리의 개 중에서 이 백인에게 친절하게 군 놈으로는 이 개가 유일했다.

갈지자의 가파른 길을 1500피트 내려오니 남대천南大川[161]이 흐르고 있었다. 강은 남동쪽으로 흐르다가 10리를 지나니 좁은 골짜기를 따라 남으로 방향을 틀었다. 나는 오후 2시 제인관濟仁館[162]에 도착했다. 이 고개를 경계선으로 북쪽에는 자작나무 껍질로 지붕을 얹은 길고 낮은 오두막들이 있었고 남쪽에는 기와나 이엉으로 지붕을 얹은 집들이 나타났다. 고개는 동시에 숲으로 뒤덮인 산맥의 한계선이기도 했다. 뒤로 떠나온 백운산 줄기는 조선의 등마루와 분수령을 이루고 있는데

주민과 가옥, 식물도 별개의 이종으로 나눈 듯했다.[163]

제인관에서 작은 소년들이 끌고 온 다섯 마리 조랑말은 상태가 매우 나빴고, 길은 계속 미끄러웠다. 계곡은 이제 다소 넓어져 폭이 0.25~0.5마일인 돌투성이 황무지로 바뀌었다. 강의 오른편은 가파른 언덕이었고 왼편에는 짧은 계곡이 돌투성이의 넓은 물길로 수없이 이어졌다. 강을 건너기가 매우 힘들었다. 나는 눈부신 흰색 석영 바위를 무수히 많이 보았는데, 급속하게 침식이 진행 중인 듯했다. 표면이 높은 쪽에서부터 벗겨지고 있었다. 평안도로 가는 작은 길이 갈라지는 세거리[164]에서 횃불을 만들어 어둠 속에서 상태가 아주 형편없는 길을 비틀거리며 걸은 끝에 저녁 7시 30분 장흥獐興[165]에 도착했다. 이곳의 수령은 2급 행정관이었으며 나는 발장[166]에게서 말을 받기 전에 수령에게 여권과 명함을 보내야 했다.

해안에 점점 가까워지자 농부의 의복은 북쪽에서 익히 보아온 색깔이 들어간 중국산 면제품에서 보통의 흰색으로 바뀌었으며 마을의 상점에는 일제 성냥과 염료, 고삐 같은 외국 상품이 조금씩 보이기 시작했다. 하여간에 나는 운총에서 중국제 성냥과 일본제 성냥을 한 상자에 5냥, 즉 0.4페니라는 엄청나게 싼 가격에 구입할 수 있었다. 그러나 어느 제품의 품질이 더 나쁜지는 지금도 잘 모르겠다.

10월 10일 새벽 6시 50분에 출발했는데 장흥이 해발 600피트밖에

되지 않아서 그런지 공기는 매우 따뜻했다. 우리에게 제공된 조랑말은 여태껏 본 것 중 최악이었고, 이 중 두 마리는 순전히 뼈만 남은 놈들로 군데군데 가죽과 털을 뒤집어썼을 따름이었다. 이놈들이 어떻게 일을 해낼 수 있었는지는 진정 불가사의다. 그것도 3시간 45분 만에 45리를 주파했다!

논이 넓게 펼쳐진 들판에 자리한 나하대羅荷垈와 창모로의 두 마을을[167] 지나 오전 10시 15분 북청에 도착했다. 도호부가 설치된 북청은 성벽으로 둘러싸여 있었으며, 흙을 덧대어 보강한 성벽은 높이가 약 20피트였고 산비탈 쪽으로 약 800야드의 면적을 포괄했다. 발장이 말을 내주는 데 반대해 요리사가 나의 명함과 서류를 지참하고 발장을 대동해서 부사에게 가 세 시간을 기다린 끝에 조랑말을 얻었다. 주민들은 나를 '중국인Cheenaman'이라 일컫고, 내가 앉아서 읽고 있는 매콜리Macaulay의 『평론Essays』을 중국어 책이라고 말하는 등 매우 무례하게 굴었다.

낮 1시 30분에 북청을 떠나 10리 아래에서 바다로 흘러드는 강을 건넌 뒤 남서쪽의 작은 구릉으로 들어가 모두 동쪽으로 흘러 바다로 들어가는 작은 시내를 수없이 건넜다. 이제 블라디보스토크에서 원산으로 이어지는 대로에 올랐다. 길은 훨씬 좋았지만 결코 평탄하지 않았다. 오후 4시쯤 두 개의 작은 산 사이에 겨우 길 하나 날 정도의 공간

남서쪽으로 바라본 북청.

밖에 없는 수백 피트 높이의 좁은 안부인 파문령[168]에 올랐으며 벼와 담배, 콩이 자라고 있는 폭이 약 1마일인 끔찍하게도 돌이 많은 부시카천[169] 계곡을 따라 내려와 저녁 7시 평포리平浦里[170]에 도착했다. 이곳의 구릉은 허물어져 가는 붉은 화강암에 전나무 몇 그루가 띄엄띄엄 박혀 있던 원산 부근과 똑같이 황량했다.

이튿날 아침 9시 일본해Sea of Japan가 나타났으며 처음에는 전나무, 그 다음에는 묘지가 도로와 바다를 구분해 주는 해안 길을 약 2마일 진행했다. 조선의 동해에서 간만의 차이는 겨우 18인치로 거의 없다고 할 수 있었다. 호현[171]은 내륙으로 2마일쯤 들어가 있었고, 우리가 가장자리를 따라 돌아온 만의 남쪽 끝에 호남이라는 작은 어촌[172]이 자리했다. 길은 이제 바다 위로 약 100피트 솟은 절벽을 따라 또 다른 평원의 끝자락에 있는 시카[173] 강변의 홍원洪原으로 이어졌다. 나는 주변 언덕의 형태로 보건대 홍원이 과거에는 바다의 초입이었을 것으로 생각했다. 이곳에서 조랑말을 바꾸고, 북청에서 데리고 온 자 대신 다른 군사와 동행했다. 갑산에서 해안까지 나와 함께한 젊은 친구는 원산까지 가도 좋다는 허가를 받지 못해 크게 낙담한 나머지 북청에서 나와 헤어질 때 끝내 눈물을 흘렸다. 여관에서 점심을 먹는 중에 주인이 나를 보러 왔다. 그러나 친절하게도 다른 사람들은 전혀 얼씬하지 못하게 했다. 여관 주인은 내게 위스키와 케이크를 맛볼 수 없느냐고 청했다. 내가 위스키와 케이크를 조금 주었더니 여관 주인은 크게 만족해하고는 마찬가지로 친구 것도 부탁해 맛을 보게 했다.

홍원에서 새로운 말들과 함께 출발했다. 쇠약한 작은 조랑말이 각각 약 90파운드 되는 나의 탄창과 요리사의 짐을 실었는데, 짐에 묶인 주전자의 덜거덕거리는 소리에 놀라 전혀 보수하지 않은 다리를 전속력으로 건너 달아났으나 다행스럽게도 0.5마일 앞에서 조선인 몇 명이 잡아 세웠다. 이곳 근처에서 나는 울타리를 두른 묘지를 또 하나 지났다. 그날이 기일이었음에 틀림없다. 많은 주민들이 묘지에 모여 조상들에게 제사를 올렸거나 이장을 했던 것 같다. 그러나 조선인 통역이 없는 관계로 말썽거리가 생길까봐 행사가 진행되는 곳에 가까이 가지 않았다. 조금 더 가니 관의 활터가 나타났다. 길이 약 200야드에 폭 20야드인 잔디밭으로, 양쪽 가장자리를 전나무가 에워쌌고 활을 쏘는 지점에 관의 작은 창고가 하나 있었다. 평야를 가로질러 높은 구릉을 향해 전진했고, 함원참咸原站에서[174] 말을 바꾼 뒤 오후 4시 30분 고개(함관령咸關嶺)의[175] 발치에 도착했다. 이곳의 작은 부락에서 잠시 휴식을 취했고, 그동안 내 수행자들은 조랑말들의 상태가 너무 나빴기 때문에 사람들을 구해서 짐을 운반해보려 했지만 마을 사람들은 모두 거부했다. 그래서 계속 갈 수밖에 없었다. 그곳에서 나는 '큰 섬(i-land)'을 건너야 한다는 요리사의 말에 매우 어리둥절했다. 나는 그 낱말이 사방이 물로 둘러싸인 작은 땅을 의미한다고 이해했다. 그렇지만 주변에 물은 보이지 않았고, 결국 그가 '고지대(highland)'를 뜻했음을 알아차렸다. 그 구간은 약 1000피트를 오르내리는 높은 지대였지만 경사도가 약 10도인 갈지자 길이어서 그다지 힘들이지 않고 오를 수 있었다. 물론 긴 오르막이었다. 내리막길에 나는 암말에서 내려 말과 나란히 걷다가 말에게 허벅지를 걷어차였으나 다행히 크게 다치지는 않았다. 그 고갯길은 참나무와 양버즘나무, 스코틀랜드 전나무가 짙은 숲을 이루고 있었으며, 거의 전부가 가을 색을 입은 아메리카담쟁이덩굴로 뒤덮여 있었다. 고개 밑에 동사미[176] 마을이 있었다. 마을 옆으로는 돌이 매우 많은 골짜기로 강물이 흐르고 있었다. 오후 5시 50분이었다. 묵을 만한 곳으로 가장 가까운 곳이 30리나 떨어져 있어 그 마을에서 밤을 보내기로 했다. 이 마을은 역참이 아니었기 때문에 우리는 함원참에서 말을 바꾸었다. 저녁에 마부 몇 명이 자신들이 숙박하는 집의 여인에게 말에게 먹일 콩을 요구하느라고 한바탕 소동을 벌였다. 여인이 콩이 없다고 항의하자 마부들은 여인에게 욕을 해대며 위협했고, 여인은 내가 묵고 있는 촌장의 집으로 달려와 하소연했다. 나는 약 반시간 동안 빗발치는 욕설을 듣고 있어야 했으며, 욕설은 격정으로 인해 눈물과 흐느낌으로 바뀌기도 했다. 마침내 여인은 진정했고, 비로소 마을은 그날 밤을 평온하게 넘겼다.

12일 새벽 6시 15분에 출발한 우리는 강을 따라 내려가 덕산관德山館[177]에 도착해 이곳에서 다소 괜찮은 조랑말들을 얻었다. 조랑말을 이끈 소년들도 똑똑해 보였다. 평원을 가로지르는 길은 평탄하고 좋아서 우리는 함흥까지 30리를 두 시간 30분 만에 주파했다. 고타 강[178] 유역의 넓은 평야는 벼와 콩과 기장 등이 심어진 너른 벌판으로 도의 수도[179]의 성벽에까지 펼쳐져 있었으며, 관개 목적으로 둑을 높이 쌓아 끌어들인 물길이 나 있었고, 분홍색 따오기를 비롯해 왜가리와 기러기와 오리가 지천이었다. 그렇지만 나는 잠시 멈추어 총을 쏘아댈 만큼의 여유조차 없었다. 우리는 얼마간 성벽을 돌아 정오에 남문 근처의 조선인들로 북적대는 큰 여관에서 여장을 풀었다.

역장에게 사람을 보내 조랑말을 요구했더니 그는 관찰사와 부사의 승낙 없이는 조랑말을 내어줄 수 없다고 말했다. 관찰사와 부사는 약 60리 떨어진 곳에 있었다. 나는 엿새 하고도 반나절에 614리를 주파했다. 이것은 매우 순조로운 진행이었다. 나는 이곳에서 지체하고 싶지 않았기 때문에 그 다음으로 중요한 위치의 관리에게 사람을 보냈다. 그 관리는 작고 평범한 조선 가옥의 자기 집 마당에서 기장과 벼, 줄에 꿰인 고추를 햇볕에 말리고 있었다. 푸른색과 주홍색의 비단 관복을 입고 공작 깃털을 꽂은 검은색 군모를 쓰고 있는 '넘버 스리 관리'의 태도는 몹시 냉랭했다. '넘버 스리'는 요리사의 말을 알아들을 수 없었거나 아니면 그럴 뜻이 없었기 때문에, 나는 내게 건네진 무명천 꾸러미를 의자 삼아 앉아서 가까스로 방문 목적을 직접 털어놓았다. 그 관리는 무례해 보이는 인물인 역장에게 사람을 보내 나에게 즉시 여섯 마리의 말을 주라고 명령하고는 또한 나를 위해 다른 군졸을 보내주겠다고 했다. 나는 고마운 마음을 표시하고 여관으로 돌아와 조랑말을 기다렸다. 먼저 역장이 와서 조랑말을 구하려면 10리나 사람을 보내야 하니 내일 아침까지는 말을 구할 수 없다고 말했다. 거짓말이었다. 요리사가 나가 있는 사이에 조랑말 여섯 마리가 내게 왔기 때문이다. 그러나 조랑말은 왔지만 요리사가 없어서 나는 짐을 실을 수 없었고 내가 쓸 말인지 확인할 수도 없었다. 나중에 관찰사가 돌아와서 나는 요리사 편에 서류를 보내야 했다. 이런 일로 시간을 잡아먹어 저녁 6시 15분이 되었다. 그때 요리사가 내일 새벽 6시까지 조랑말을 받을 수 있으리라는 역장의 약속을 갖고 돌아왔다. 어쩔 수 없이 그곳에서 밤을 지내야 했다. 나는 마부들이 쓰는 작은 방을 받았다. 방은 지독하게 더러웠으며 악취가 풍겼고 여러 종류의 벌레들이 득시글거렸다. 여관의 큰 방은 조선인들로 가득 찼다. 조선인들의 습관 때문에 나는 그들 가까이에서 먹을 수도, 잘 수도 없었다.

오늘 여관에서 기다리는 동안 나에게는 조선인들이 게걸스레 먹어 치운 음식의 메스꺼운 냄새를 맡을 기회가 많았다. 고기나 생선, 고추, 콩, 배추, 쌀 등으로 조리한 다양한 음식을 대여섯 개의 작은 접시에 담아 1피트 높이의 작은 상에 늘어 놓았는데, 음식에서는 매우 고약한 냄새가 풍겼다. 조선인은 맛이 진한 음식을 좋아하며, 먹을 때에는 모든 음식을 조금씩 다 먹으면서 다양한 맛의 혼합을 즐긴다. 나는 오후에 본 어느 조선인의 꿈을 꾸느라 잠을 제대로 못 잤다. 그의 코는 질병으로 완전히 썩었고, 얼굴은 보기에 오싹할 정도로 끔찍했다. 나는 앞서 북쪽의 더 황량한 지역에서는 질병의 흔적을 그렇게 많이 보지 못했다는 사실을 언급한 적이 있다. 그러나 이제 이 나라에서도 사람들이 가장 빈번하게 왕래하는 간선도로에 오르니 또다시 젖가슴에 질병이 침투한 여인, 악성 매독 증상을 보이는 남자 등 다양한 종류의 불구자들이 보였다.

이튿날 새벽 6시 30분에 아침을 먹었는데도 조랑말은 보이지 않았다. 몇 차례 전갈을 보냈으나 돌아오는 대답은 늘 조랑말이 곧 아침 여물을 다 먹을 것이라는 이야기뿐이었다. 결국 아침 8시쯤 나는 관찰사의 관아로 갔으나 관찰사가 나를 만나거나 내 명함을 보기에는 시간이 너무 일렀다. 그곳에서 30분을 기다리는 동안 요리사를 여관으로 보내 조랑말들이 왔는지 확인하게 했다. 요리사는 오전 9시가 다 되어서야 조랑말 여섯 마리가 여관에 도착했다는 반가운 소식을 갖고 돌아왔다. 그래서 관찰사에게 전해주라고 명함에 조랑말을 준비해 준데 대한 감사의 글을 적어 남기고 서둘러 돌아갔다. 관아의 호기심 많고 무례한 게으름뱅이와 식객의 무리를 벗어나게 되어 기뻤다. 나는 그들의 조롱과 무례한 짓을 오래 참고 있어야 했다. 아, 그런데 여관에 도착하니 조랑말이 한 마리도 없는 것이 아닌가! 간밤에 부사가 나에게 조랑말 여섯 마리를 마련해 주라고 명령했는데 오늘 아침 관찰사가 두 마리면 족하다는 말을 했다는 설명이었다. 곧이어 이름이 한장석韓章錫[180]인 함경도 관찰사의 명함이 도착했지만 여전히 조랑말은 없었다. 한 번 더 관찰사와 부사의 관아를 방문했지만 두 사람 모두 병환중이어서 나를 만날 수 없다고 했다.(병환은 면담을 거절하는 일반적인 방법이었다.) 부사는 나를 한 시간이나 기다리게 해 놓고도 내 명함을 받지 않았다. 그래서 나는 관리에게서 조랑말을 조달하려는 시도를 포기했고, 여관으로 돌아와서 약간의 협상 끝에 원산까지 1리에 8냥을 주고 말 다섯 마리를 빌렸다. 재빨리 짐을 싣고 부사가 나를 수행하라고 보낸 군사와 동행해 정오에 출발했다. 470야드 길이의 트레슬교로 성천강을 건너고 있었다. 다리를 건넌다는 말은 절반쯤 지났다는 말인데, 그때 다리가 보수 중인 사실을 알았다. 나는 건너뛰려다가 미끄러져 얕은 강바닥에 주저앉았다. 구경꾼들은 폭소를 터뜨리며 크게 즐거워했다. 나는 결코 웃을 수 없었다. 함흥에서 조랑말 때문에 곤란을 겪은 일의 최종 결말은 이러했다. 내가 원산에 도착한 지 이틀이 지나서 덕원 부사가 말하기를 함흥 부사가 조랑말의 임대료를 변상하고자 자신에게 1만 800냥을 맡겨 놓았다고 했다. 마치 내게 조랑말을 구해 줄 수 없었던 일이 유감스럽다는 듯이 말이다. 나는 물론 그 거짓말을 곧이곧대로 믿는 척했고 돈은 돌려주었다. 그러나 그 돈이 함흥 부사에게 다시 전해졌는지는 모를 일이다.

함흥의 일부는 평야 쪽으로 내뻗은 구릉의 사면에 세워졌다. 관찰사의 거처와 정원은 능선을 가로지르는 성벽까지 이르렀다. 고을은 돌로 쌓은 성벽으로 둘러싸여 있다. 높이 20피트에 두께가 6~8피트인 성벽은 흙으로 보강했지만 여러 곳에서 무너져 내려 보수가 많이 필요했다. 그렇지만 좁고 꾸불꾸불한 골목길엔 대체로 도랑이 있어 빗물 따위를 흘려보낼 수 있었고, 집마다 울타리나 담을 둘러 세웠다. 성

남동쪽으로 바라본 함흥 다리.

밖의 평지에는 교외지역이 성장하고 있었고, 작은 상점들에는 일반적으로 토산품과 외국 상품을 진열해 판매하고 있었다. 나는 이곳에서 한 개에 한 냥이라는 터무니없이 저렴한 가격에 매우 훌륭한 배를 몇 개 구했다. 초록색 올배 같았는데 맛이 아주 뛰어났다.

논벌을 지나고 바닥에 모래가 깔린 얕은 시내를 몇 차례 건너 오후 4시 정평에 도착했다. 그곳에서 점심을 먹었는데 아침이 일렀기에 밥 먹는 것이 즐거웠다. 오후 6시 30분에 다시 출발했다. 밝은 달빛에 힘입어 밤 10시 초원草院[181]에 도착했다. 나뿐만 아니라 다른 사람들과 짐도 모두 이슬에 흠뻑 젖었다. 이튿날 3시간 15분 만에 45리를 주파해 오전 10시 영흥에 도착했고, 나룻배로 강을 건넌 뒤 3시간 동안 휴식하며 점심을 먹었다. 나는 이곳에서 조심스럽지 못한 요리사가 하나

밖에 없는 위스키 병의 마개를 막아 놓는 일을 잊었다는 사실을 알았다. 위스키 병을 식량 상자에 거꾸로 집어넣은 채 운반하는 바람에 나는 차나 마시는 수밖에 없었다. 영흥과 고원에서 군사를 바꿔 오후 4시 30분 소래원에 도착했다. 그곳에서 마부들은 조랑말들에게 콩을 조금 먹여야 한다고 쉬어갈 것을 요구했다. 그날에만 벌써 세 번째 식사였다. 나는 조금 더 걸어가서 길가에 쌓인 전신주 더미 위에 앉아 마부들을 기다렸다. 그러나 결국 다시 돌아가서 그들을 만났다. 그때가 벌써 저녁 8시였다. 마을까지 0.5마일밖에 안 되는 곳이었다. 그때서야 마부들은 달빛이 더할 나위 없이 밝은데도 횃불을 들고 최대한 천천히 움직였다. 나는 그들을 재촉했지만 소용없었다. 밤 11시나 되어서야 문천에 도착했다. 저녁밥은 날을 넘긴 시간인 밤 12시 45분에야 먹었다!

영흥과 소래원 사이에는 논벌에서 밤을 보내기 위해 원산항에서 날아온 기러기, 오리, 상오리, 홍머리오리 등이 무수히 많았다. 주민들은 하나같이 북과 톰톰[182], 폭죽을 들고 나와 새들을 멀리 쫓아내려 했다. 나는 이 중 몇 마리를 총으로 쏘아 잡을 수도 있었지만 결국 원산에도 엄청나게 많을 터이니 사냥감을 많이 잡아들고 가는 것은 뉴캐슬로 석탄을 가져가는 것과 진배없다고 생각하게 되었다.[183]

10월 15일 나는 다시 원산에 왔다. 문천에서 잘 때 방에는 벼룩과

[불교 승려의 예식]

벌레들이 우글거렸지만 나는 곤히 잤으며 오전 8시나 되어서야 출발했다. 나는 짐을 가져오는 일은 요리사에게 맡겨둔 채 나의 마부와 서둘러 원산을 향했다. 원산에는 낮 11시 40분에 도착했다. 함흥부터 260리를 48시간이 채 못 되어 끝낸 셈인데, 이것은 그때까지의 기록 중 최고였다. 함흥에서 지체하지 않았더라면 보천부터 874리를 8일 반 만에 주파한 것이 되는데, 그러했더라면 요리사는 추가로 5달러를 챙겼을 것이다. 아흐레 만에 원산에 당도하면 5달러를 주겠다고 약속했다. 나는 백인을 몇 명 보고는 매우 기뻤다. 그들은 분명 수습 선원들이었다. 탐문해보니 프레드릭 리처즈 경[184]이 지휘하는 영국 함대가 원산항에 정박 중이었다. 브레이저 씨가 나를 만나러 해관에 와서 그날 저녁에 오이젠 씨가 일본에서 돌아올 예정이니 나에게 오이젠 씨 집에서 머무르라고 말했다. 오랜만에 목욕을 하고 맥주를 마시니 기분이 얼마나 좋았던가!

원산에 도착한 날 밤에 서울에서 금강산을 거쳐 열나홀 만에 도착한 선교사 트롤로프가 나타났다. 트롤로프는 병이 난 동료 피크Peek와 짐을 남겨두고 계속 걸었다. 두 사람은 노트 씨의 집에 있다가 오이젠 씨 집으로 왔고, 그래서 그들이 21일 평안도로 떠날 때까지 어수선했다. 트롤로프와 피크는 강원도에 있는 사찰과 그 승려들에 관해 흥미로운 이야기를 해주었다. 사찰에 매우 오래된 필사본들이 있는데, 이 중 많은 책이 심히 외설스럽고 음란한 삽화가 곁들여져 있다고 했다. 금강산 여행길은 내가 앞서 닭을 쏘았다고 언급한 두 명의 독일인이 트롤로프와 피크보다 먼저 지나갔다. 트롤로프와 피크는 도처에서, 심지어 가장 신성한 장소에서도 바위 위에 새겨진 독일인들의 이름을 발견했다. 이것은 진짜 관광객다운 짓이었는데 여러 이유에서 매우 뻔뻔스러운 행동이었다. 내가 타고 갈 증기선은 며칠 동안 출발하지 않았고, 나는 오이젠 씨의 환대를 즐기다가 10월 23일 저녁에 부산과 일본 요코하마를 향해 출발했다. 이로써 조선에서 보낸 나의 휴가는 끝이 났다.

제 10 장
조선의 사냥감

원래 우리가 조선에 가려던 목적은 호랑이나 표범을 사냥하는 것이었다. 호랑이나 표범의 숫자와 크기, 사나움, 모피의 아름다움에 대해 듣고 나니 입에서 침이 마르지 않았기 때문이다. 그러나 신비한 백두산의 매력에 이끌려 빨리 산을 알고 싶었다. 사냥이 다소 실패로 돌아간 것이 부분적으로는 그 탓이었다.

조선에 사냥감이 매우 많다는 데에는 의심의 여지가 없다. 그러나 호랑이나 표범을 잡는 방법은 단 한 가지밖에 없다. 그 짐승들을 찾아가는 것이 아니라 짐승들로 하여금 사냥꾼을 찾아오게 하는 것이다.

원주민들은 매우 게으르고 신뢰할 수 없으며 이 동물들을 너무 두려워하기 때문에 아무리 설득해도 몰이꾼으로 나서지 않았다. 마침내 엄청난 액수의 금전을 제의했지만 이도 허사였다. 심지어는 잡은 호랑이마다 50달러를 지불하고 뼈와 고기도 준다고 했지만 그들은 넘어가지 않았다. 호랑이의 뼈와 몸의 일부는 노약한 체질에 젊음의 활력을 불어넣어 주는 것으로서 중국인 의사들이 매우 귀하게 여긴다. 우리는 또한 호랑이 한 마리에 한 발 쏠 때마다 25달러에다, 단지 호랑이를 보기만 해도 10달러를 주겠다고 제의했지만 마찬가지로 소용이 없었다. 보천 주민들은 호랑이로 인한 주민의 사망은 물론 호랑이의 존재 자체도 강하게 부인했지만 1889년에 캠벨 씨가 그 마을을 방문했을 때는 그 전 해에 호랑이에게 물려 죽은 사람이 열여덟 명이요, 그 지역에 출몰하는 호랑이가 세 마리이며, 이 중 한 놈은 확실히 식인호랑이라는 말을 들었다. 그리고 또 인근의 후치령에서도 식인호랑이가 나타났다는 보고가 있었다. 캠벨 씨는 보천을 두 번 방문했는데 방문과 방문 사이에 촌장의 아들이 호랑이에게 희생되었다고 했다. 캠벨 씨가 나에게 해준 말에 따르면 원산 이북에서는 서너 개 마을에 한 마을로 호랑이로 인한 참화의 이야기가 있었다.

그렇지만 호랑이를 마주치려면 운이 좋아야 했다. 호랑이는 연중 약 4분의 3의 기간에 낮에는 산속의 거칠고 깊은 숲에 숨어 지내고, 밤중에나 평소의 먹이가 눈 때문에 산에서 밀려났을 때에만 먹을 것을 찾아 인가 근처에 나타나기 때문이다. 겨울에 원산에서 서울로 여행하던 어느 러시아인은 눈 덮인 들판에서 여인을 몰래 따라가는 호랑이를 대로에서 보고 총으로 쏘아 죽였다. 연중 겨울철이면 호랑이와 표범은 매우 대담해졌다. 서울의 러시아 대사관 구내에서 표범 한 마리가 발견된 일이 그리 오래되지 않았다. 어떻게 해서든지 성벽을 넘었을 것이다. 겨울마다 거의 예외 없이 이것 비슷한 녀석들이 서울에 침입한다. 내가 아는 가장 큰 호랑이 가죽은 코에서 꼬리 끝까지 14피트 6인치이며, 코에서 꼬리의 밑뿌리까지 8피트 6인치 되는 가죽은 흔했다. 좋은 표범 가죽은 코에서 꼬리 끝까지 9피트 6인치이며, 호랑이와 표범 모두 두터운 겨울 가죽의 경우 두께는 거의 5인치나 된다. 조선의 겨울에서 고생과 불편을 감수할 각오가 되어 있으면, 그리고 지역만 잘 선택하면 누구든 좋은 호랑이와 표범을 사냥할 수 있을 것이라고 확신한다.

사슴은 무수히 많으며, 큰 고을에서 약간 떨어진 곳이라면 약간의 수고만으로도 어디에서나 쉽게 잡을 수 있다. 곰은 불곰과 흑곰 모두 부족하지 않다.(이놈들도 호랑이와 똑같은 조건에서 사냥할 수 있다.) 1890년에 원산에서 수출된 곰 가죽은 스물여덟 장이었다.

꿩은 풍부하지만 잘 훈련된 개가 있어야 날아오르게 할 수 있다.

꿩은 매에게 호되게 당한 탓에 개의 도움이 없으면 날아오르게 할 수 없다.

야생 조류로 말하면 수백 만 마리가 널려 있어 사냥을 즐기기에 아주 좋다. 단 흰옷을 입어 최대한 보통의 조선 사람처럼 보이게 해야 하며, 총에 맞아 떨어진 놈을 물고 올 튼튼한 개가 있어야 하는 점 등 몇 가지를 주의해야 한다. 원산항의 영국 함대는 이러한 조건을 갖추지 못한 상황에서도 하루에 총 한 자루로 평균 열 마리를 잡아 여드레 동안 1100마리의 수확을 올렸다. 브레이저 씨와 노트 씨는 하루 하고도 한 나절에 백조 다섯 마리, 기러기 스물여덟 마리, 상오리 네 마리를 잡았는데 선원들의 사냥으로 방해를 받아 들오리는 한 마리밖에 못 잡았다. 안변평야에는 야생 조류가 매우 많지만 원산의 일본인들이 가서 마구 쏘아대는 바람에 새들만 불안하게 만들어 사냥을 망쳐 놓았다.

조선에 서식하는 몇몇 조수의 목록을 첨부한다. 별표로 구분한 것은 내가 그 가죽이나 생물을 본 것들이다.

*호랑이   Royal, or *Felis Tigris*

*호랑이   Chinese, the Louchu or Lauhu

*표범   The Maou, *F. Chinensis*

표범	The Bulu, *F. Reevesii*
표범	The Snow-Leopard
*곰	불곰, *Ursus Collaris* or *Ursus Arctos*
곰	흑곰
스라소니	*Felis borealis*(?)
스라소니	*Felis chalybeata*
스라소니	*Felis lynx*
*사슴	고라니, *Cervus elephas*
*사슴	문착(muntjac) 사슴, *C. Reevesii*
*사슴	*Pseudaxis mantchurica* or *C. Mantchuricus*
*사슴	fallow
사슴	*A. Saiga tartarica*
*사슴	The Ling-yang, *A. hemorhedus caudata*
사슴	The Hoang-yang or Yellow Goat, *Procapra gutturosa* (만주?)
아르갈리	Ovis Ammon(확실하지 않음)
Djiggitai	Asinus onager(확실하지 않음)(몽골?)
아이벡스	확실하지 않음
*돼지	멧돼지

*산토끼   푸른색

 여우

 족제비

 담비

*수달

 비버

 오소리

 검은담비

*북방족제비

 다람쥐   회색

*다람쥐   보통의 황색

*다람쥐   줄무늬(*Sciurus striatus*)

*다람쥐   하늘다람쥐(확실하지 않음)

*꿩   Chinese, *Phasis torquatus*

 꿩   Snow, *Crossoptilon mantchuricum*(만주?)

 꿩   Argus(확실하지 않음)

 꿩   Reeves(확실하지 않음)

*독수리

*매

*왜가리   (*Andea cinerea*)

*알락해오라기

*백조   야생

*기러기   야생

*오리   야생, 청둥오리

*상오리   Baikal Teal, *Boschas for mosa*

*상오리   보통 ordinary kind

*따오기   분홍(*I. Nippon*)

*따오기   (*Sinensis*)

*두루미   (여러 종)

*황새

*가마우지

 사다새   (확실하지 않음)

*메추라기

*도요새

*홍머리오리

*고라니   (*Tetrao Omasia*)

           Capercailzie(만주)

*까치   조선 까치(푸른색), (*cyanopolius cyanus*)

*어치 (Brandt's)

*유럽꾀꼬리

*비둘기 양비둘기

*비둘기 산비둘기

*물총새

뇌조 검은색(*Tetrao tetrix*), 만주

*때까치 (*L. sphenacerus*)

*딱따구리 검정딱따구리

*갈까마귀

능에 (*Otis Dybowski*)

여정

조선 지명의 올바른 발음을 영어로 정확히 표기하기는 불가능하다. 특히 원주민들이 같은 지명을 말할 때도 강세와 어조에 따라 큰 차이를 보이기 때문에 더욱 어렵다. 그러나 내 귀에 들리는 한, 아래에 적은 소리가 거의 정확하다. 나는 이 분야의 권위자인 어니스트 새토 씨 Mr. Ernest Satow에게 크게 의존했다.

단모음은 이탈리아어처럼 유성음이지만, 복모음과 자음에서는 이 규칙에 변화가 있다.

그래서,

ö는 *sun*의 *u*처럼 발음된다. Po-chön

ai, ei는 *like*의 *i*처럼 발음된다. So-rai-wön, Chyei-in-koan

aik는 *peck*의 *e*처럼 발음된다. Paik-tu-san

eu는 *sung*의 *u*처럼 발음된다. Ham-heung

an은 스페인어 *san*의 *an*처럼 발음된다. Nam-san

öng은 *sung*의 *ung*처럼 발음된다. Söng-do

rim은 영어의 *rim*처럼 발음된다. Ka-rim

chh, kh, ph, th는 match-head, Blinkhoolie, caphead, dust-*hole*처럼 격음으로 발음된다.

sö는 *soo*와 *su* 사이로 발음된다. Sö-tzu River

Phyöng-an은 *p-hyung-yan*과 *p-hing-yan* 사이로 발음된다. *kw*의 발음은 거의 *ko*와 같아서 *kwan*은 *koan*처럼 발음된다.

날짜	지명	해발고도(피트)	여행 중 도달한 최고 고도	기온(°F) 오전 6시	출발시간	도착시간	거리(리)	위도	경도	가옥수	날씨
1891년 9월 5일	서울	100	-	-	-	-	-	37° 24′	127° 05′	30,000	맑음
5일	위오미	285	290	오후 9시 68°	오전 9:35	오후 3:50	60	-	-	15	맑음
6일	강가의 마을	-	-	-	오전 8:45	오후 1:00	40	-	-	20	맑음
6일	장고랑리	285	285	오후 9시 65°	오후 3:00	오후 7:00	32	-	-	8	맑음
7일	임진강	-	-	-	오전 7:30	오전 11:30	40	-	-	12	맑음
7일	제란읍	450	785	오후 8시 63°	오후 2:00	오후 6:00	40	-	-	30	맑음
8일	평강화	-	-	-	오전 7:00	오전 11:00	45	-	-	20	비
8일	평강	1200	1500	-	오후 1:00	오후 4:00	17	-	-	120	흐림
8일	당나리	1450	-	오후 8시 61°	오후 4:00	오후 5:00	8	-	-	35	흐림
9일	마을	-	-	-	오전 7:30	오전 11:30	40	-	-	9	맑음
9일	당간리	1450	2100	오후 8시 65°	오후 1:30	오후 7:00	40	-	-	6	맑음

날짜	지명										
10일	안변(부락)	1100	1630	오후 8시 66°	오전 8:50	오후 1:15	50	-	-	8	맑음
11일	남산*	300	650	오후 8시 62°	오전 8:30	오후 1:15	60	-	-	80	맑음
12일	원산*	10	170	-	오전 7:45	오후 1:00	50	39° 10′ 34″	127° 31′ 50″	3000	맑음
15일	덕원	50	-	-	오전 10:20	-	15	39° 8′	127° 26′	25	맑음
15일	지경	-	-	-	-	-	20	39° 11′	127° 25′	30	맑음
15일	문천*	50	150	오후 9시 57°	-	오후 3:20	15	39° 15′	127° 22′	100	맑음
16일	읍가지기	-	-	-	오전 7:15	-	10	-	-	12	더움
16일	소배원	-	-	-	-	-	10	39° 20′	-	30	더움
16일	고원*	60	-	-	-	낮 12:20	20	39° 25′ 14″	127° 18′	200	더움
16일	덕지강	-	-	-	오후 2:35	-	5	39° 27′	-	-	뇌우
16일	영흥*	75	150	오후 8시 57°	-	오후 5:45	30	39° 29′	127° 23′	800	뇌우
18일	금파원	-	-	-	오전 7:45	오전 11:00	25	-	-	25	비

날짜	지명										날씨
18일	고산*	150	600	-	오전 11:00	낮 12:45	15	-	-	50	비
18일	춘원	-	-	-	오후 3:30	-	5	-	-	30	비
18일	정평	100	500	오후 8시 62°	-	오후 6:40	35	39° 45′ 30″	127° 26′	500	맑음
19일	동건	-	450	-	오전 7:50	낮 12:00	40	-	-	20	맑음
19일	오로촌	200	-	오후 9시 60°	낮 12:05	오후 2:50	30	40° 04′	127° 17′	15	맑음
21일	삼밭골	-	-	-	오전 8:00	오전 10:45	25	-	-	20	비
21일	은봉리	600	-	-	오전 10:45	낮 12:00	15	-	-	10	맑음
21일	청나령 고개	2050	-	-	오후 2:20	오후 3:15	12	-	-	-	소나기
21일	청나정	1300	2050	-	오후 3:15	오후 4:00	13	-	-	18	소나기
22일	배운산맥 고개	4050	-	오전 6시 49°	오전 7:30	오전 10:00	20	-	-	-	흐림
22일	고토수	3750	-	-	오전 10:00	오전 11:15	15	40° 17′ 30″	-	12	비
22일	사수	3550	-	-	오후 2:10	오후 5:30	40	-	-	25	비

맑음	4	-	-	32	오전 11:00	오전 7:30	45°	3600	-	붉은개	23일
맑음	15	-	40° 31′	18	오후 1:30	오전 11:30	-	-	3430	속창	23일
붉안 정함	12	-	-	5	오전 8:30	오전 8:00	45°	-	3420	천의수	24일
붉안 정함	14	-	40° 41′	35	오전 11:30	오전 8:30	-	3550	3350	덕성동	24일
맑음	15	-	-	5	오전 9:00	오전 8:15	45°	-	-	마을	25일
맑음	300	-	40° 52′	50	오후 2:30	오전 9:00	-	3560	3450	장진*	25일
비	-	-	-	55	오후 5:20	오전 11:50	49°	-	-	덕성동	27일
흐림, 한때	-	-	-	35	오전 9:30	오전 6:30	51°	-	-	천의수	28일
흐림, 한때	-	-	-	25	오후 2:30	오전 11:30	-	-	5300	매물령	28일
흐림, 한때	8	127° 24′	40° 35′ 30″	25	오후 5:15	오후 3:00	-	-	3870	술물	28일
맑음	5	-	-	5	오전 6:45	오전 6:15	41°	-	-	나루터	29일
맑음	-	127° 26′	40° 38′ 30″	27	오전 10:00	오전 7:10	-	-	5770	설인령	29일

날짜	지명										날씨
29일	동풍안	4870	-	-	오전 10:15	오후 1:00	35	-	-	10	맑음
29일	서수동	4140	-	-	오후 3:00	오후 7:25	45	40° 41′	127° 37′	34	맑음
30일	앙가리	3840	-	34°	오전 8:30	낮 12:30	35	40° 45′	127° 44′	30	맑음
30일	능구*	3490	4640	-	오후 3:00	오후 5:30	25	40° 46′	127° 51′	15	맑음
10월 1일	호린참*	3300	4090	31°	오전 7:10	오전 9:15	20	-	-	20	맑음
1일	감산	3040	-	-	오전 9:45	오후 2:50	45	40° 56′ 9″	-	120	맑음
2일	동인*	3050	3550	37°	오후 2:35	오후 5:55	40	41° 3′ 25″	-	50	맑음
3일	선연리	3150	-	35°	오전 7:10	오전 7:50	5	-	-	15	맑음
3일	안간평	4250	-	-	오전 7:50	오전 8:20	6	-	-	6	맑음
3일	안간포*	-	-	-	오전 8:30	오전 8:50	1	-	-	10	맑음
3일	운종*	3050	-	-	오전 8:50	오전 11:00	25	41° 12′	127° 54′	100	맑음
3일	보전*	2950	4650	-	오후 2:30	오후 9:30	63	41° 22′ 30″	127° 49′	12	맑음

날짜	지명				출발	도착		위도	경도		날씨
5일	가림	2850	-	29°	오전 9:30	오전 11:00	15	-	-	6	맑음
5일	보전	-	3950	-	낮 12:00	오후 1:45	12	-	-	-	맑음
6일	운총	-	-	40°	오전 8:40	오후 2:20	45	-	-	-	맑음
6일	신연리	-	-	-	오후 4:20	오후 8:00	32	-	-	-	맑음
7일	갑산	-	-	55°	오전 7:30	오전 11:05	45	-	-	-	비
7일	호린참	-	-	-	오후 1:20	오후 5:30	45	-	-	-	맑음
8일	능귀	3490	-	31°	오전 6:00	오전 8:40	20	-	-	-	찬바람
8일	고개	4600	-	-	오전 9:40	낮 12:30	22	40° 41′	127° 57′	-	찬바람
8일	종포참*	4060	-	-	낮 12:30	오후 2:30	20	40° 37′ 30″	127° 58′ 30″	30	찬바람
8일	황수원*	4200	5050	-	오후 4:20	오후 8:35	40	40° 32′	127° 57′ 30″	10	찬바람
9일	후지령	4550	-	24°	오전 7:00	오전 10:40	40	40° 28′	128° 2′ 30″	8	맑음
9일	제인관*	2000	-	-	오전 10:55	오후 2:10	35	40° 23′	128° 10′ 30″	12	맑음

날짜	지명										
9일	세거리	1000	-	-	오후 4:10	오후 5:30	15	-	-	15	맑음
9일	장흥*	600	-	-	오후 5:30	오후 7:30	15	40° 18′	128° 16′	85	맑음
10일	나하대	-	-	44°	오전 6:30	오전 9:30	38		-	50	맑음
10일	창모로	-	-	-	오전 9:30	오전 10:00	3		-	50	맑음
10일	북청*	100	-	-	오전 10:00	오전 10:15	4	40° 10′	128° 17′	1200	맑음
10일	도절령	580	-	-	오후 1:30	오후 4:00	25		128° 10′	-	맑음
10일	평포리	-	-	-	오후 4:00	오후 7:00	25	40° 05′	128° 3′	30	맑음
11일	호남	-	-	51°	오전 6:50	오전 9:30	30	39° 59′	127° 57′	50	맑음
11일	홍원*	50	-	-	오전 9:30	오전 10:50	15	39° 58′	127° 52′	180	맑음
11일	한원참*	-	-	-	낮 12:30	오후 3:00	20	39° 56′ 30″	127° 49′ 30″	19	맑음
11일	한관령	1120	-	-	오후 4:00	오후 5:20	15		-	-	맑음
11일	동사미	-	-	-	오후 5:20	오후 5:50	5		-	20	맑음

날짜	지명		각도	시각	시각	고도	위도	경도		날씨
12일	덕산관	-	51°	오전 6:15	오전 8:50	25	39° 54′	127° 41′	30	맑음
12일	함흥*	-	-	오전 9:50	낮 12:15	30	39° 51′ 25″	127° 35′	6000	맑음
13일	정평	-	55°	낮 12:00	오후 4:00	50	-	-	-	맑음
13일	초원	-	-	오후 6:30	오후 10:00	35	-	-	-	맑음
14일	영흥	-	51°	오전 6:45	오전 10:00	45	-	-	-	맑음
14일	소배원	-	-	오후 1:00	오후 4:30	55	-	-	-	맑음
14일	문천	-	-	오후 7:45	오후 11:00	25	-	-	-	맑음
15일	원산	-	52°	오전 8:00	오전 11:40	50	-	-	-	맑음
						+2495				

* 역참 +11리가 약 3마일

고도는 9000피트까지 있는 아네로이드 기압계를 사용해 측정했다. 덕산동의 고도가 9월 24일과 27일에 일치했으므로 기압계의 성능이 상당히 정확하다고 할 수 있을지라도 적어도 일정했음은 분명하다. 조선 전체의 지도는 왕립지리학회의 지도로 내가 약간 수정하고 내용을 덧붙였다. 여행 경로 지도는 공식 참모부 지도로 러시아가 제작한 지도를 토대로 내가 관측한 내용에 따라 때로 수정하고 보완했다.

1 1st Argyll and Sutherland Highlanders. 영국 스코틀랜드 사단 소속의 보병 연대.

2 Chefoo. 중국 산둥성山東省 옌타이煙臺 인근에 있는 즈푸芝罘 섬의 이름으로 서방에 알려졌다. 1858년의 텐진조약天津條約에 따라 1861년에 개항했다.

3 정크선은 중국에서 연안이나 하천에서 사람을 태우거나 짐을 실어 나르던 배를 말하며, 삼판선은 항구 내에서 사용하던 중국식 작은 돛단배를 말한다.

4 주민들이 가져갔다는 뜻으로 보인다.

5 W. P. Kerr(柯). 김원모 편, 『근대한국외교사연표』에는 Ker로 표기되어 있다.

6 감리서는 개항장의 시무를 관장한 관아로 1883년(고종 20)에 처음으로 인천, 덕원德源(원산), 동래(부산)에 설치되었다. 인천감리서 책임자의 공식 직함은 감리인천항통상사무監理仁川港通商事務이다. 인천은 조선 세조 6년(1560)에 도호부가 된 뒤 지위를 유지하다가 1895년(고종 32) 갑오개혁으로 23개 부府의 하나가 되었다. 개항 후 감리서가 설치되면서 감리가 인천 부사를 겸임했다.

7 교자轎子를 묘사하고 있다.

8 인천 해관은 개항 후 관세를 거두는 기관으로 우리나라에서 제일 처음 설립되었다. 1883년 6월 16일 고종의 외교고문인 묄렌도르프Paul Georg von Möllendorff(穆隣德)가 해관총세무사 자격으로 설립했다. 초대 해관장은 스트리플링A. B. Stripling(薛必林)이다. 묄렌도르프는 청국 해관에서 근무한 경력자들을 데리고 왔는데, 프랑스인 라포르트E. Laporte(羅保得, 羅布退)는 이 중 한 사람으로 1901~1905년 7대 인천 해관장을 역임했다. 『인천세관 120년사』, (인천본부세관, 2003)

9 Steward Hotel. 서양식 호텔로는 1888년에 일본인 호리 리키타로堀力太郞가 제물포에 세운 대불大佛호텔에 이어 두 번째다. 설립자인 중국인 이타이怡泰는 태평양 횡단 여객선에서 주방장으로 일할 때 E. D. Steward라고 불리었다. 김원모, 『개화기 한미교섭관계사』, p. 747.

10 Karl Ivanovich Vever(韋貝). 영어식 표기는 Carl Waeber이다. 주 텐진天津 러시아 영사로 있던 1884년에 전권대사로 조선에 건너와 조러수호통상조약을 체결했다. 1885년에 대리 공사 자격으로 서울에 다시 들어왔다.

11 존스라는 이름을 지닌 미국인 선교사로는 1887년 9월에 입국한 존스George Heber Jones(趙元時)가 있다. 미국 감리회 선교사로 서울을 중심으로 활동했으며 The Korean Repository와 The Korean Review의 주필을 맡았다. 조선에 입국한 뒤 출국했다가 1891년에 다시 들어왔는지는 확인

할 수 없다. 그러나 존스가 1867년에 출생
했으니 이 당시 청년이었을 것이며, 뒷부
분에서 영국 영사 힐리어의 임시 거주지로
캐번디시와 굿 애덤스를 인도했다고 기술
되어 있으니 이미 지리를 알고 있는 사람임
에는 분명하다. 동일인일 가능성이 크다.

12 『연표로 본 현대사. 1863-1945』, (신구문화
사, 1969-1972)에 따르면 1884년에 입국해
제물포에서 상업 활동을 시작한 오스트리
아 사람 Steinbeck(時荅被格)이 있다. 본문
에는 독일인으로 나와 있다.

13 'ulo'. 책에서 세 차례 나오며, '노를 젓다'
라는 의미로 쓰인다. 한글의 음차인 것으
로 보인다.

14 Hang-pai-do로 표기되어 있는데, 양화진
이라고도 불리던 양화도가 제시된 설명에
가장 잘 부합한다.

15 Walter Caine Hillier(禧在明). 1889년 한성
주재 영국 총영사 대리, 1891년 총영사를
지냈다.

16 James Scott(薩允格). 1884년 영국의 인천
영사 보좌관으로 입국해 인천 부영사대리
와 부영사를 역임했다. 1887년에 Corean
Manual(초판)을 만들고, 1891년에는 『영한
사전』과 한국어에 관한 논문을 발표했다.

17 T. F. Schoenicke(史納機). 독일인으로
1886~1889년 인천해관장을 역임했다.

18 김원모 편, 『근대한국외교사연표』에 따르
면 1891년 5월 4일 이탈리아 공사 판사
Chevalier A. Pansa가 부임했으나 6월 11일
귀국했고, 영국 총영사가 이탈리아의 권익
에 관한 업무를 대행했다고 나와 있다. 이
장 뒷부분에 서울에서 이탈리아 영사와 사
귀었다는 언급이 있으며, 4장에서도 서울
에서 이탈리아 영사를 만난 사실을 기록하
고 있다.

19 F. J. H. Nienstead(仁施德). 미국인 군사 교
관.

20 사리사욕을 말한다.

21 초기 해관의 관리들은 중국 해관에서 근무
한 경력이 있는 서양인이었다. 주8 참조.

22 Choosah. 1885년 초에 광혜원으로 개원해
(2~4월로 개원 날짜에 관해 이견이 있다) 얼마
안 가 제중원으로 개명한 최초의 서양의학
병원이다. 개원 후 알렌Horace Newton
Allen(安連)이 4월부터 진료했으며 이후 곧
헤런John W. Heron(惠論)이 입국해 진료를
도왔다. 5월에 내한한 스크랜턴William B.
Scranton(時奇蘭敦)은 제중원에서 6월까지
약 한 달간 진료하다가 9월부터 독자적으
로 진료를 시작했다. 개원 후 아홉 달이 지
났을 때 방문한 외국인 의사가 누구인지는
확인할 수 없다.

23 1883년에 개교한 동문학同文學이 1886년
육영공원育英公院으로 바뀌었는데 이것을

말하는 듯하다. 조선 정부 요청으로 미국에서 길모어George A. Gilmore(吉模), 벙커 D. A. Bunker(房巨), 헐 버 트 Homer B. Hulbert(轄甫退, 紇法)가 교사로 파견되었다. 각각 1889년, 1892년, 1894년에 사임했다.

24 이 시기에 조선에서 활동한 외국인 의사 중 Wylde라는 이름은 찾지 못했다. 비슷한 이름으로는 Julius Wyles가 있는데 영국 해군 군의를 지낸 경력이 있는 외과의사로 1890년 성공회 선교사로 내한해 인천과 서울에 거주하는 외국인과 한국인을 진료했다. 1891년 코프 주교와 함께 서울 낙동에 성마태병원을 개설하고 해군의료기금을 창설해 병원사업을 지원했다. 1893년에 귀국했다.

25 다듬이.

26 갓과 관모.

27 Toonsah.

28 the Chinese Resident Yüan. 위안스카이 Yuan Shi Kai(袁世凱)를 말한다.

29 William R. Carles(賈禮士, 加里士). 인천 주재 영국 부영사와 한성 총영사 대리를 역임했다. 초대 한성 총영사 애스턴William George Aston(阿須頓, 亞斯頓)과 함께 1884년 3월에 입국했다.

30 『황성신문皇城新聞』 1899년 7월 10일자와 8월 31일자에 따르면 1889년 내한해 광산을 조사한 적이 있는 스트리플링Stripling (薜弼林)이라는 영국인 광산기술자가 1898년에 다시 입국해 은산殷山 금광과 평양 매광煤鑛을 조사했으며, 1899년에 영국의 운산雲山광무 감독으로 부임했다는 기록이 있다. 이 사람을 말하는 듯하나 첫 입국 후 언제 출국했는지는 확인할 수 없다.

31 Yeung으로 표기되어 있는데, 가까운 성은 양과 윤이지만 두 가지 모두 조선의 4대 성에 끼기는 어렵다. 불가피하게 윤으로 번역했다.

32 민영소閔泳韶(1852-1917). 민영소를 외무장관이라 칭하고 있지만 그는 해당 부처인 예조판서를 지낸 일이 없다.

33 민영익閔泳翊(1860-1914). 민영익은 1887년 홍콩과 상하이上海에 망명했다가 귀국해 1895년 고종 폐위 음모로 다시 망명했고, 일시 귀국했다가 1905년 또다시 상하이로 망명해 그곳에서 사망했다. 본문에 따르면 민영익이 아직 국외에 있는 것으로 보인다.

34 '명함'은 card를 번역한 것이다. 책에서는 이 두 사람만이 아니라 조선의 관리들도 명함을 지닌 것으로 나오지만 정확히 어떤 형태를 말하는 것인지 확인할 수 없다. 조선 관리의 명함으로는 2001년 4월 10일 연세대학교 의과대학 동은의학박물관이 공개한 민영익의 명함이 지금까지 가장 오래된 것이다. 1893년 조선보빙사의 일원으로 미

국을 방문했을 때 미국인에게 건네준 것으
로 보인다. 그러나 뒤에 나오듯이 외교에 종
사하지 않은 내지의 갑산 부사나 장진 부사
가 어떤 명함을 지녔는지는 확인할 수 없다.

35 Newchwang. 랴오닝遼寧 성 남부의 하항.
Niuzhuang, Yingkou.

36 hand. 말의 크기를 재는 단위로 약 4인치.

37 속보(trotting), 구보(cantering). 승마 용어

38 지게.

39 역자의 경험에 따르면 지게를 벗어 세워놓
거나 진 채 휴식할 때에 작대기는 b와 d가
아니라 a와 c를 잇는 가로장 밑에 지탱했
다. b와 d를 잇는 가로장 밑에 지탱하는 것
은 작대기의 길이로 보나 무게중심을 고려
할 때 불가능하다.

40 Dr. Charles John Corfe(고요한, 羅老甫).
1889년 11월 1일 웨스트민스터 대성당에
서 주교 서품을 받고 조선 교구의 초대 교
구장이 되었고, 1890년 9월 29일 인천으로
입국했다. 1891년 3월에 성공회 선교사로
내한한 트롤로프Mark Napier Trollope(趙마
가)는 한국의 영국 성공회 3대 교구장을 지
낸 인물이다.

41 verst. 러시아의 옛 이정. 약 1067미터.

42 cutting and filling.

43 지사Prefect로 표현한 것은 관찰사 이외의
지방행정관인 수령이다. 태종 13년(1413)

의 지방제도 개편으로 도 밑에 부(6), 대도
호부(5), 목(20), 도호부(74), 군(73), 현(154)
의 행정구역을 설치하고 장관으로 부윤,
대도호부사, 목사, 부사, 군수, 현령(이나 현
감)을 임명했는데 이들을 모두 수령이라 불
렀다.

44 자년子年, 묘년卯年, 오년午年, 유년酉年에
시행한 식년시式年試의 문과에는 초시初試,
복시覆試, 전시殿試의 3단계 시험이 있다.
초시는 식년 전 해 9월 초에 전국에서 일제
히 거행되었다. 복시는 초시 합격자 250명
을 식년 봄에 서울에 모아 시험을 치러 33
명을 뽑았다. 전시는 복시 합격자 33명과
특별 응시자 직부전시인直赴殿試人을 시어
소時御所 전정殿庭에 모아 시험을 치르게
해서 등급을 정하는 시험이다. 시제는 임
금이 출제하기도 했지만 대개 독권관讀券
官이 시험 하루 전에 출제했다. 전시 답안
(시권試券)은 임금이 보는 것이므로 반드시
해서楷書로 써야 했다.

45 1405년(태종 5) 모든 병사兵事의 실무를 병
조에서 관할하게 하면서 정2품의 판서와
참판參判(종2품)·참의參議(정3품)·참지參
知(정3품) 각 1명, 정랑正郎(정5품) 4명, 좌랑
佐郎(정6품) 4명 등을 두었다. 당하관堂下官
은 모두 문관文官이었다. 하부 기관으로 무
선사武選司, 승여사乘輿司, 무비사武備司의
3사司를 두었다. 참의(참지)는 좌참의와 우

참의 두 명이었으나 1434년(세종 16)에 참의로 통합되어 1명으로 감원되었다. 그러므로 병조에서 어전회의에 참석하는 당상관堂上官은 세 명이다. 실무를 담당한 최고위 관리 세 사람이 누구를 말하는지 분명하지 않다.

46 각 도에는 병영兵營과 수영水營이 있어 육군과 수군을 통할했다. 서울에 함대가 있는 것이 아니고 양화진 등지에 수군 거점이 존재했다.

47 Hairiong, Chi-riong. 해운항만청에서 간행한 『한국해운항만사』에 따르면 조선 정부가 구매한 상륜선商輪船은 1886년 해룡호海龍號, 1887년 조양호朝陽號, 광제호廣濟號(1888년에 창룡호로 개명), 1892년 현익호顯益號, 1893년 이운호利運號이다. 김원모가 번역한 알렌의 『근대한국외교사연표』에 따르면 1886년 6월 4일 조선 정부가 처음 구입한 기선은 해룡호라고 되어 있다. 『조선해관연보 1885-1893』에 따르면 1886년에 두 척의 기선을 도입한 것으로 되어 있다. 이 중 대흥大興Tehhung호는 조선의 무역상사에 속해 제물포에서 마포까지 강운에 투입되었지만 채무를 이행하지 못해 인천부사가 압류하고 경매에 넘겼으며, 해룡호는 정부 재산으로 남부의 개방하지 않은 항구들에서 정부의 세곡을 제물포로 운반했다. Chi-riong은 차라리 지룡으로 읽히나 어느

선박을 칭하는지 확인할 수 없다. 유사한 발음의 창룡으로 옮겼다.

48 조선 후기 중앙군의 핵심은 훈련도감訓練都監, 금위영禁衛營, 어영청御營廳이었다. 1882년 임오군란 이후 신건친군영제新建親軍營制가 시행되면서 훈련도감은 폐지되고 이후 금위영과 어영청도 새로운 제도에 흡수되었다. 1888년에 친군 우영과 후영과 해방영海防營이 통위영統衛營, 친군 전영과 좌영이 장위영壯衛營, 별영이 총어영摠禦營으로 각각 바뀌면서 3군영제가 시행되었다. 평양감영은 1885년에 친군서영으로 전환되어 1894년까지 존속했다.

49 1881년에 무위소 소속으로 신식 군사훈련 기관인 교련병대(왜별기)가 창설되었다. 이후 통리기무아문 군무사 교련국이 관장했다.

50 Charles William LeGendre(李善得). 프랑스 출신의 미국인. 1890년 조선에 들어와 내무협판內務協辦이 되어 고종의 정치고문 역을 맡았다.

51 William McEntyre Dye(茶伊). 수석 군사교관.

52 수비대가 3개 사단으로 나뉘었다는 말은 통위영, 장어영, 총어영의 3군영을 가리키는 듯하다. 주48 참조.

53 대왕대비 신정왕후(1808-1890)의 장례식. 익종翼宗(追尊王)의 비인 풍양 조씨. 1819년

(순조19) 세자빈으로 책봉되었지만 효명세자가 죽어 중전이 되지 못했고, 1834년에 아들 헌종이 즉위하자 왕대비가 되고 1857(철종8)년 대왕대비에 진봉되었다. 1863년 철종이 승하하자 흥선대원군 이하응의 둘째 아들을 고종으로 즉위시켜 대왕대비로 수렴청정하면서 대원군의 집정을 도왔다. 능은 수릉綏陵으로 경기도 양주 동구릉에 있다.

54 1881년 9월에 처음으로 교련병대에서 무관 자제 20명을 사관생도로 모집했다.

55 이 부분은 이해하기 어렵다.

56 소의 등에 얹어 물건을 나르는 기구이다.

57 걸언치라고 부른다.

58 길마가 소의 등에서 움직이지 않도록 하기 위해 쓰는 막대(껑거리막대)에 묶은 끈. 소의 궁둥이에 껑거리막대를 가로 대고 그 양쪽 끝에 껑거리끈을 매달아 길마의 뒷가지에 좌우로 잡아맨다.

59 중국식 온돌인 '캉(炕 kang)'으로 표현했다. 뒤에 온돌에 대한 설명이 나온다.

60 홍인문.

61 옹성.

62 Wi-erh-mi. 위오미로 읽었다. 위오미란 오미 위쪽에 있는 마을이란 뜻인 듯하다. 오미라는 말은 외딴 산이 있는 곳이라는 뜻으로 오산梧山, 고산孤山이라는 명칭으로도

불린다. 양주 땅으로 남양주를 거쳐 의정부시에 속한 고산동高山洞과, 현재는 남양주시 오남면 오남리이지만 구한말에는 양주군 건천면乾川面에 속했던 오산리梧山里가 유사하다. 그러나 주어진 설명에 부합하는지 확인할 수 없다. 방향(북동에서 북북동으로)이나 거리(60리에서 18마일이면 24~28km)를 고려하면 현재의 남양주시 퇴계원 부근으로 짐작되기도 한다.

63 오트밀을 끓여 만든 죽.

64 고량高粱의 중국 발음(kaoliang)이 병기되어 있다.

65 Chang-go-ra-ni. 지명 중에 포함된 장고는 장고드미, 장고산, 장고부리의 경우처럼 장고와 비슷하게 생겼다는 뜻과 장고랑의 경우처럼 작다(작은 골짜기)는 뜻, 장고라골 같이 길다(긴 계곡)는 뜻을 지닌다. 연천군 청산면 장탄리長灘里는 긴 여울이라는 뜻인데, 제시된 설명에 부합하는지 확인할 수 없다. 당시 영평군永平郡의 어디로 짐작되기도 하는데 지금의 포천시 영중면과 창수면 부근일 듯하다. 책에 언급된 저자의 한국어 음차 표기를 염두에 두고 장고랑리로 옮겼다.

66 아무 데서나 대소변을 본다는 뜻인 것 같다.

67 Hang-na-dou-ché-ra-noup. 바로 다음 글에서는 줄여서 ché-ra-noup이라고만 했

다. 역자가 찾은 가장 유사한 지명은 갈말읍 근처에 있는 철원말(처런말)이다. 정확히 어느 곳의 어느 마을을 지칭하는지 확인할 수 없다.

68 Phyöng-yang-hwa. 김화읍 근처로 짐작될 뿐이다.

69 Hoiyang. 한강의 지류라고 하는 것으로 보아 금성천金城川을 말하는 듯하나 주어진 설명으로 보아 과연 한강의 지류인 금성천 가까이 갔는지, 한탄강 지류인 차탄천을 한강의 지류로 착각한 것인지 판단하기가 어렵다.

70 Tang-na-ri. 주어진 경로로 추정되는 곳에 당동이라는 곳이 있으나 지명을 확인할 수 없다.

71 여행의 시기가 1891년이니 쉰다섯 살에서 일곱 살을 더 먹은 것이다.

72 짐을 운반하는 일행을 다시 만났다는 뜻인 듯하다.

73 Tan-ga-ni. 비슷한 지명으로 분수령(추가령) 너머 고산군에 동가리 역이 있으나, 이 일행이 분수령을 넘었는지 확신할 수 없다. 당간리로 옮겼다. 아래 설명에 보면 당간리를 지난 후 경원가도에 들어서 남산에 도착한 것으로 되어 있다.

74 An-pyön. 1394년(세조3)에 현이 설치되었으며 이듬해 도호부로 승격되었다. 인근의

철령鐵嶺은 천연의 요새로서 예부터 남북의 관문이다.

75 영국 회사 토마스 키팅 화학Thomas Keating, Chemist의 가루 살충제.

76 Nam-san. 남산역리南山驛里.

77 대들보가 불필요하게 크고 무거웠다는 이야기이다.

78 안변사라는 사찰 이름은 찾지 못했다. 인근의 석왕사釋王寺를 말하는 것이 아닌가 짐작된다.

79 책에서 비버가 몇 차례 언급되는데 당시 북부 지방에 비버가 서식한 것인지, 수달을 말하는 것인지 모를 일이다.

80 1883년 10월 31일에 영국인 T. W. Wright (魏來德)가 원산의 초대 해관장으로 부임했다. 묄렌도르프와 동행한 자 가운데에는 Brasier가 없다. 1888년에 영국인 E. F. Creagh(格類)가 해관장으로 부임하며 같이 온 자 중에 있는 듯하다. 최태호, 『개항전기의 한국관세제도』, (한국연구원, 1976)에 따르면 Creagh와 같이 입국한 자로 영국인 헌트J. Hunt(何文德), 프랑스인 부일아富日阿, 영국인 李위량이 있다. 부일아가 Brasier와 유사하지만 캐번디시가 앞에 제시한 조선 개항장 주재 외국인 표에 보면 원산에는 프랑스인이 없으며, 뒤에 Brasier가 주재한 원산의 외국인 모임을 언급하는 부분으로 짐작하면 Brasier는 잉글랜드인

인 것 같다.

81 J. F. Oiesen(區久林). 1889년 12월 18일
~1900년 8월 15일 재임.

82 앞서 말한 민영소의 서한을 말하는 듯하
다.

83 Jumbo. 두 사람 사이에서 일이 성사되도록
주선하는 사람을 중보中保라 하는데 이를
말하는 듯하다.

84 역에 근무하는 직책으로는 역장, 역리驛吏,
역졸驛卒이 있었다. 책에서는 pony-man과
head pony-man으로 같은 대상을 지칭하
는 듯해 전부 역장으로 번역했다.

85 한 부재의 구멍에 끼울 수 있도록 다른 부
재의 끝을 가늘고 길게 만든 부분을 장부라
하며, 장부 끝이 장부촉이다.

86 1885년에 묄렌도르프를 대신해 미국인 메
릴Henry F. Merill(墨賢理)이 부임하면서 조
선 해관의 책임자가 총세무사에서 세무사
로 격하되었다. 이때 부세무사로 동반 입
국한 헌트J. H. Hunt(何文德)가 1888년 7월
~1898년 2월 부산 해관장을 맡았다.

87 Port Lazaref. 원산 항. 1854년 5월 푸티아
틴Putiatin이 지휘하는 러시아의 팔라다
Palada 호가 동해안을 정밀 측량할 때 원산
에 라자레프Lazarev(Lazaref)라는 이름을 붙
였다.

88 Knott. 묄렌도르프가 데리고 온 청국 해관

근무 경력자 중 Knott가 있는데, 동일 인물
인지는 확인할 수 없다. 김원모는 Knott가
해관에 배속되지 않았으며 그 이후 행적이
분명하지 않다고 적고 있다.

89 1889년 7월에 부임해 1892년 5월 4일까지
근무한 원산의 일본 영사는 히사미즈 사부
로(久水三郞)이다.

90 Woo. 『근대한국외교사연표』에 따르면
1885년에서 1894년 7월까지 원산 영사를
지낸 청국인은 유가총劉家聰이다. 그러나
劉를 Woo로는 표기하지 않는 듯하다. 이
시기 조선에서 활동한 외국인 중 Woo로
표기되는 자는 묄렌도르프와 함께 입국한
우리탕(Woo Li Tang, 吳禮堂)이 있는데, 미
국 유학생 출신으로 주스페인 청국공사관
의 서기관을 역임했고, 용산과 원산의 상
무위원을 지냈다. 김원모에 따르면 조선보
빙사에 통역으로 동행한 후에는 부사 홍영
식과 함께 귀국했으며, 1889년 7월까지 원
산상무위 위원을 지내고 이후 인천에 영주
했다. 따라서 위의 Woo를 우리탕으로 보
기도 어렵다. Marquis Tseng. 이 시기 청나
라의 조선 공사를 지낸 인물로 증기택曾紀
澤이 있고, 한미수호조약 체결 당시 미국 대
표인 슈펠드Schufeldt의 문서에 따르면 민
영익이 조선보빙사로 미국에 갔다가 여섯
달 동안 유럽을 여행했는데 이때 영국에서
중국 공사 증기택에 명함을 주었다고 한다.

91 갑신정변을 말한다.

92 북로전선北路電線. 1891년 7월 27일에 완성되었다.

93 힌체라는 인물을 확인하지 못했다. 묄렌도르프와 동행한 자 중에 없으니 이후에 입국한 사람인 듯하다. Hong-Kong and Shanghai Bank.

94 1865년(고종2) 왕명에 따라 영의정 조두순趙斗淳, 좌의정 김병학金炳學이 편찬한 조선시대 마지막 법전이다.

95 이탈리아 영사에 관한 언급은 주18을 참조하라.

96 상평통보 당오전當五錢을 말하는 듯한데, 이것은 1883년에 주조되어 1895년까지 통용되었다.

97 James, Henry Evan Murchison, Sir., *The Long White Mountain, or, A Journey in Manchuria: with some account of the history, people, administration and religion of that country*(London, 1888). 휴가를 중국에서 보내기로 한 저자 제임스에게 왕실 근위기병대(the King's Dragoon Guards)의 영허즈번드Younghusband 중위가 동행했고, 청국 주재 영국 영사관의 무관인 펄포드H. Fulford가 나중에 합류했다. 제임스의 책에는 영허즈번드가 lieutenant, 이 책에는 captain으로 각각 되어 있다.

98 뒤에 나오지만 캐번디시는 백두산을 눈앞에 두고 굿 애덤스와 헤어져 원산으로 되돌아왔다. 백두산에는 굿 애덤스만이 올랐다.

99 Ti-kyŏng. 지경地境거리. 강원도 문천시 해방산동의 거리. 문천군과 덕원군의 경계에 있다. 원산에서 함흥으로 이어지는 간선도로가 지난다. 미루어 짐작하건대 이 거리를 지칭하는 듯하다. 이곳 이외에 정평과 함흥의 경계에도 동일한 지명이 있다.

100 마문은 발마공문撥馬公文의 줄임말로, 지방으로 출장하는 관원이 병조에서 받아 상서원에서 마패를 발급받는 문서를 말한다. pony-letter의 적당한 역어를 찾지 못해 부득이 마문이라 옮겼다.

101 Yeung-heung.

102 So-rai-wŏn. 책 뒤편에 제시된 한글 발음법에 따르면 소라이원으로 읽어야 하나 이 책에서 조선어 표기에는 일관성이 없다. 함경남도 고원읍 전탄리箭灘里는 살여울(살로울, 살이울)을 한자로 옮긴 것이다. 이 지역의 룡당강과 천내강이 합류되면서 물살이 화살처럼 빠른 여울목을 이룬다고 해 살여울이라는 이름이 붙었다고 한다. 살여울을 표기한 것이 아닌가 짐작할 뿐이다. 본문에서는 강 이름을 지칭하지는 않는 듯하며, '원'으로 읽을 경우 공무 여행자를 위한 숙소인 원院을 뜻할 수도 있으나 인근에서 유사한 지명을 찾지

못했다.

103 Ko-wön. Tök-chi.

104 Keum-ha-wön.

105 Shé-chin. 영흥과 정평 사이에 흐르는 강의 이름은 금진강金進江이나 표기의 차이가 크다고 보고 서천으로 읽었다. Ko-san. 함경남도 정평군에는 조선 말에 고산사高山社가 있었고 1914년에 고산면으로 바뀌었다. 아무래도 고산은 이를 지칭하는 듯하다.

106 Broughton Bay. 영국의 탐험가인 브로턴 William Robert Broughton이 1797년에 조선과 연해주를 항해하는 도중 동래의 용당포龍塘浦에 표착했다가 경상도 관찰사 이형원李亨元의 명으로 떠났다. 자신의 실적을 기념하기 위해 원산만에 자신의 이름을 붙였고, 이후 서구인이 작성하는 지도에 이 명칭이 통용되었다.

107 C. W. Campbell(甘布露). 1887년 한성 영사관의 보좌관으로 입국해 부영사 대리를 역임했다. 머리말에서는 캠벨을 중국 영사관 소속으로 기술하고 있다.

108 Tang-yé. 정평에서 이후의 정류지인 오로촌으로 이어지는 도중에 이 지역에 해당하는 곳은 현재의 함경남도 함주군 고양리高揚里, 조양리朝陽里, 붉은별리이다. 고양리에는 대大개골이 있고 조양리에는 동東갠이 있다. 인근의 오리담갠이 오리담

동쪽으로 흐르는 마을이니 동갠도 마을 동쪽에 흐르는 개울이란 뜻일 텐데 대개나 동갠 또는 동東내를 말한 것이 아닌가 추측한다.

109 So-chön. Orichun. 성천강 중류에서 강이 분기, 합류하는 지점은 현재 함경남도 영광군 오로리五老里이다. 오로촌이라는 옛 명칭이 있다.

110 Kut-yang. 이 경로에 현재 함경남도 영광군 동양리東陽里의 남쪽 마을로 구창舊倉거리라는 곳이 있었다. 관의 창고가 있던 자리라는 뜻이다. 확실하지 않으나 발음이 유사해 구창으로 옮겼다.

111 Sambagon. Wungboni. 현재의 함경남도 영광군 산창리. 근처에 마전동麻田洞, 당귀밭골, 도라지밭골, 버드밭골, 벼밭골, 보리밭골 등의 지명이 있었던 것으로 보아 짐작하건대 삼밭골을 표기한 듯하다.

112 Chyöng-na-jöng. 주어진 설명에 부합하는 고개는 초방령草芳嶺(655m)이다. 성천강 우안에 닿는 고개 아래 골짜기가 초방골이다. 제시된 영어 표기에 알맞은 지명은 찾을 수 없었다.

113 일본의 신사 입구에 있는 신역을 나타내는 문.

114 주어진 설명으로 볼 때 황초령黃草嶺을 넘은 것으로 보인다. 그런데 앞 단락부터 이 부분까지 정평부에서 장진부로 넘어가는

길에 평안도를 거친 것으로 되어 있는데, 혼란스러운 대목이다. 길이 서쪽으로 지나치게 휘어나간 까닭에 정나정 고개를 넘어 다시 성천강으로 내려섰으면 황초령을 통해 장진 방면으로 진행했을 것이다. 그러면 평안도를 경유할 수 없다.

115 Kotesu. 고토리峕土里. 현 함경남도 장진군 황초黃草로동자구.

116 Sa-seu.

117 Fut-jen-yé. 이 경로에 붉은갠과 북골갠, 북수천北水川이 있다. 붉은갠은 함경남도 장진군 양지陽地로동자구 서북쪽 동틀골에서 장진호로 유입되는 개울인데, 진펄에서 붉은 빛이 도는 물이 흐른다 해서 비롯된 명칭이다. 북골은 인근의 또 다른 골짜기이다. 짐작건대 이러한 명칭과 관계가 있는 듯하다. 앞의 동갠의 표기와 일관되게 붉은갠으로 옮겼다.

118 Memel-ryöng.

119 Sok-chung. 사수 북쪽에 창골이란 곳이 있고, 갈전리 북동쪽에 속창倉이란 곳이 있으며, 신대리 북동쪽에 석청石淸골(최향동最鄕洞)이 있다. 위치상 북쪽의 천의수가 갈전리 남동쪽이니 갈전리의 속창倉은 아닌 듯하나 관의 창고가 있다는 의미로 창倉골이란 지명이 많이 쓰인 것으로 보아 이와 유사한 의미의 지명인 듯하다. 정확히 확인할 수는 없다.

120 Tjen-ö-su.

121 Teuk-sil-dong. 덕실리.

122 황초령에서 고토수로 내려올 때를 말하는 듯하다. 그러나 장진강을 언급하고 있으므로 거리와 위치를 고려할 때 덕실동에서 장진강과 합류하는 또 다른 강의 수원을 그때 건넜다는 말은 앞뒤가 맞지 않는다. 바로 다음 문장에서 밝히고 있듯이 이 강은 평안도 쪽에서 동쪽으로 흐르며, 장진강은 남쪽으로 한참 떨어진 곳에서 북으로 흐른다. 저자의 설명이 옳다고 가정하면 황초령에서부터 장진강과 또 다른 강이 작은 산맥을 사이에 두고 나란히 흐르는 것이 된다.

123 Chang-gé. 뒤편의 지도에 표기된 Kang-gé와 차이가 있으나, 강계를 뜻하는 것은 분명하다.

124 계산이 틀렸거나 오기이다. 차액은 510냥이다. 아래 계산에서는 제대로 되었다.

125 Kwo-i-sung. 확인하지 못했다.

126 이 부분까지 큰따옴표로 묶여 직접화법으로 쓰였으나 첫 문장을 제외하면 간접화법 형태여서 큰따옴표를 앞으로 올렸다.

127 answers.com/topic/ cartridge-firearms. Ely로 표기되어 있는데 Eley-Boxer의 Eley인 듯하다.

128 corned beef.

129 Sha-phyöng. 부전강이다. 술물Sulmul로 설명된 곳에서 가까운 곳의 지명이 서어수西於水이다. 사평으로 읽히는데 이러한 명칭은 찾지 못했다.

130 Sorin-ryöng.

131 Ton-kol-at. 주어진 설명에 부합하는 곳에 골안, 동東짝골이라는 지명이 있다.

132 Ho-chhön.

133 Sesidong. 양강도 풍서군 서창·약수로동자구 소재지의 서쪽에 서수동(서리골)이라는 마을이 있다. 경로 상에서 표기와 가장 가까운 지명이다.

134 Yangari. 양강도 풍서군 임서리林西里에 버드나무가 많다 해서 양楊가리라 불리던 곳이 있었는데, 설명에 주어진 위치와 부합한다.

135 Neun-gwi. 양강도 풍서군. 웅이熊耳라는 낱말과 관련이 있는 듯하다. 지역을 관통하는 하천이 웅이천이며 조선 말까지 존재한 역 이름이 웅이역, 웅이참이었고 지역명이 웅이사였다.

136 Ho-rin-cham.

137 Hang Nan Yeung으로 표기되어 있으나 국사편찬위원회가 간행한『고종시대사』 8월 4일자 기록에는 이 시기의 갑산부사가 홍남주로 나온다. 캐번디시 일행이 갑산에 도착한 것이 10월 1일이니 그동안

부사가 바뀌었을 가능성이 전혀 없지는 않지만 본문의 갑산부사와 홍남주를 동일인으로 간주했다.

138 Tong-in.

139 An-kang. 량강도 혜산시 장안리와 갑산군 오일로동자지구의 경계에 있는 재. 1138m. 아래 골짜기가 안간골이다. 안간(아낙네)이 혼자 재를 넘었다 또는 안간이 범을 잡았다 해서 이러한 이름이 붙었다는 전설이 전해 내려온다.『갑산부읍지』에 갑산 북쪽 55리에 아질간령阿叱間嶺이 있다고 서술되어 있고, 대동여지도 등의 고지도에 아간阿間으로 표시되어 있다.

140 Un-chong.

141 청나라 군대를 말하는 듯하다.

142 samshu.

143 침대와 의자는 크게 필요하지 않았다는 뜻인 듯하다.

144 Ka-rim. 량강도 갑산군 림동리. 조선 말에는 함경도 갑산부 호린사에 속했다.

145 and that it was 200 miles high로 되어 있으나 높다는 뜻의 과장된 표현인 듯하다.

146 하류 쪽을 바라보고 좌우를 말하므로 압록강 우안의 길은 조선이 아니라 만주 땅에 난 길이다.

147 버선과 짚신을 말한다.

148 Amoor로 표기되어 있다. Amur. 헤이룽

黑龍 강.

149 hazel-grouse. 학명은 Tetrastes bonasia나 Bonasa bonasia로, Omisia는 종 명칭이나 아종 명칭에서도 확인하지 못했다.

150 독일 출신의 화학자 리비히Justus von Liebig 남작의 이름을 따서 1865년 영국 런던에 설립된 회사The Liebig Extract of Meat Company의 제품을 말하는 듯하다.

151 Rolf Boldrewood라는 필명을 사용한 오스트레일리아 작가 토머스 브라운 Thomas Alexander Browne의 소설이다. 원제는 Robbery under Arms; a story of life and adventure in the bush and in the Australian goldfields이다.

152 Kirin. 지린吉林성의 도시 지린吉林.

153 Mouk-den. 랴오닝遼寧성의 성도省都인 선양瀋陽. 만주어로 무크덴Mukden이다.

154 굿 애덤스의 백두산 등정기는 The Korean Repository 8~10호에 「조선의 몽블랑 여행」이란 제목의 글로 소개되어 있다.

155 Sun-yun-i. 주어진 경로에서 유사한 지명은 어연동魚淵洞이지만 정확히 확인할 수 없다. 1914년 이후의 행정구역 개편으로 어연리, 중포항리, 삼일리로 변천했다.

156 An-kang-poi. 정확히 확인할 수 없다.

157 Pidgin English. 중국어 문법에 따라 간략하게 된 영어 따위.

158 Chan-ka-cham. 표기상 차이가 있으나 갑산에서 북청으로 이어지는 도로상의 역참 순서에 따르면 북쪽의 웅이와 남쪽의 황수원 사이에 있는 역참이 종포역(종포참從浦站)이며 주어진 지형 설명에도 부합한다.

159 Houng-so-wön.

160 Hu-chih-Ryöng.

161 Nam-ta-chi-ni.

162 Chyei-in-koan.

163 나중에 함경산맥으로 불리게 된 산줄기인데, 앞서 정평에서 장진으로 넘어갈 때도 백운산맥을 언급하고 있다. 백운산은 정평 북동쪽에 있다.

164 Sigori. 현재 함경남도 덕성군 소재의 삼기리三岐里다. 조선 시대 말에 북청부 니곡사泥谷社 초입의 마을이라 해서 초리初里라고 불렸다. 삼기리로 지명이 바뀐 것에서도 알 수 있듯이 세 갈래 길에 위치했다. 짐작컨대 이곳을 말하는 듯하다.

165 Chang-heung. 역참의 순서로 보아 자항역紫航驛(慈航站)인 듯하다. 이곳은 수령이 거하는 별개의 행정구역이 아니다. 2급 행정관이 있다는 말은 이해하기 어렵다.

166 pony man과는 달리 post-superintendent라는 표현을 쓰고 있다. 큰 역에 거하며 주변의 몇 개 역을 관할하던 찰방察訪을

말하는 듯도 하지만 자항참과 아래 북청
에는 찰방이 없었으므로 파발제의 발장
으로 옮겼다.

167 Noyada, Chŏngmoru. 이 위치는 덕성면
나하대리이며, 나하대리 남쪽 끝과 북청
읍 서리의 경계에 창덕촌倉德村(창모로)이
라는 마을이 있다. 《덕성면지》, 1991, p.
398.

168 Pa-mun Ryŏng. 주어진 설명에 부합하는
고개는 남갈령南葛嶺(315m)이다. 이 고갯
길이 회령에서 원산으로 이어지는 주요
교통로였다. 뒤의 여정을 기록한 표에서
는 To-chi Ryŏng으로 되어 있는데, 남갈
령의 속칭이 도질령이었다. 《북청군지》,
1994, p. 1018.

169 Bu-si-ka-chi river. 제시된 지역에 있는 하
천은 동대천이다. 앞에 남대천을 Nam-ta-
chi-ni river로 표기한 것과 비교하면 chi
는 '천'을 표기한 것으로 보인다. 이 명칭
은 확인하지 못했다.

170 Pyŏng-po-ri. 북청군 평포사.

171 Ho-wŏn. 내륙에 있는 북청군 호현사好賢
社(호현면)를 지칭하는 듯하다.

172 Choll-nam. 함경남도 홍원군 운포로동자
구에 있던 옛 지명으로 호남리湖南里가 있
다. 조선 시대 말에 홍원군 렴포사廉浦社
였는데, 읍내와 멀리 떨어진 모퉁이에 있
는 포구를 낀 면이어서 그렇게 불렀다고

한다. 이 지명이 제시된 설명에 가장 잘
들어맞는다.

173 river Shika. 제시된 지역에 있는 하천은
서대천西大川이다.

174 Hamheung-cha'in. 표기에 차이가 있으
나 역참의 순서상 함원참(함원역)이 설명
에 부합한다.

175 Hang-kal-ryŏng.

176 Tong-sa-mi. 설명에 부합하는 곳에 황사
리, 동양리가 있다.

177 Ton-sang-kuan.

178 Kho-ta. 책 뒤편의 지도로 보면 동북쪽에
서 성천강에 합류하는 호련천瑚璉川을 말
한다.

179 당시 함경도 감영監營이 함흥에 있었다.

180 Han-Chang-Sok. 방곡령을 발포한 조병
식趙秉式의 뒤를 이어 함경도 관찰사가 된
사람이다.

181 Cho-wŏn.

182 북의 일종.

183 잉글랜드 북동부의 도시. 타인Tyne 강 하
구에 있어 뉴캐슬어폰타인New Castle
upon Tyne이라 부르며, 인근에 탄전 지대
가 있어 중화학 공업이 발달했다.

184 Sir Frederick William Richards(1833-
1912).

역자 후기

이 책은 두 명의 영국 군인이 제물포로 조선에 입국하여 육로로 원산을 거쳐 백두산을 등정하는 여행기이다. 책은 대체로 여행의 기록과 조선에 대해 미리 얻은 정보로 채워져 있다. 이 시기가 제국주의 시대였으므로 아직 잘 알려지지 않은 극동의 작은 나라를 여행하고 쓴 제국 시민의 기록을 오리엔탈리즘의 틀로 보아야 할 듯하지만, 두 사람의 서술에서 조선에 대한 편견이 뚜렷하게 드러나지는 않는다. 여행의 목적은 호랑이를 비롯한 짐승 사냥과 백두산 등정이었는데, 사냥과 등정 자체가 정복이라는 의미를 주기는 한다. 어쨌거나 역자로서 한마디 해야 한다면 번역 과정의 문제를 언급해야 할 것 같다.

번역에서 가장 문제가 되었던 것은 지명을 확인하는 일과, 이와 연관된 문제로 조선어 표기를 다시 우리말로 옮기는 것이었다. 확신이 드는 경우 원문의 표기와 상관없이 우리말로 옮겼다. 예를 들면 함흥을 관통하는 강은 So-chön으로 표기되어 있는데, 그 강의 이름은 성천강이므로 그렇게 옮겼고, 갑산에서 북청으로 이어지는 도로상의 Chan-ka-cham은 역참 순서에 따라 북쪽의 웅이와 남쪽의 황수원 사이의 역참이 종포참이므로 양자의 표기에 차이가 있어도 종포참으로 옮겼다. 반면 영흥과 정평 사이로 흐르는 강의 이름은 금진강金進江이나 본문에는 Shé-chin으로 표기되어 있다. 금진과 Shé-chin은 표기의 차이가 크고, 역자는 그 표기에 맞는 다른 명칭을 찾지 못하여 서천으로 옮겼다.

　　그러나 제일 큰 어려움은 유사한 명칭조차 아예 찾을 수 없었던 지명이었다. 서울에서 원산 가는 도중의 Wi-erh-mi, Chang-go-ra-ni, Hang-na-dou-ché-ra-noup, Phyöng-yang-hwa의 위치를 확인하기가 제일 어려웠다. 그 이유는 우선, 책에도 설명되어 있듯이, 길 안내를 맡았던 마부들이 경원가도를 벗어나 샛길로 갔다는 데에 있다. 두 번째로는 두 외국인 여행객이 강원도에서 함경도로 넘어가기까지 여관에 묵지 않고 야영을 했기 때문이다. 그래서 이 일행이 어떤 경로를 거쳐 여행을 했는지 확인하기가 쉽지 않았다. 경로를 짐작할 수 있는 단서로는 몇 가지가 있다. Wi-erh-mi와 Hang-na-dou-ché-ra-noup에서 숙영할 때 근처에 여관이 있다는 언급. 경원가도를 따라 북동으로 진행하다 경원가도에서 벗어나 북북동으로 1시간 50분 진행한 뒤 Wi-erh-mi에 닿았고 나중에 함경도에 접어든 뒤 남산역리에 도착하기 직전에 다시 경원가도로 접어들었다는 사실. Wi-erh-mi에서 고개를 넘은 후 임진강을 건넜다는 점. Phyöng-yang-hwa에서 북북서로 진행하다 한강의 지류를 만났고 높은 언덕 위에서 평강을 내려다보았다는 것. 이러한 점들을 단서로 생각해볼 때 이 일행이 분수령(추가령)을 넘은 것만은 분명해 보인다. 문제는 평강까지의 여정이다. 역자는 책에서 말하는 경원가도를 양주의 녹양綠楊역, 포천의 안기安奇역, 영평의 양문梁文역, 풍전豊田역, 김화 생창生昌역, 회양 은계銀溪역을 지나 철령을 넘어 고산과 안변을 거쳐 원산으로 이어지는 길로 보았다. 북동에서 북북동으로 방향을 틀었다는 말은 연천, 철원, 평강으로 이어지는 길을 갔다는 의미로 해석할 수도 있다. 전곡과 Chang-go-ra-ni가 유사하고 부근의 한탄강에 대탄大灘이라는 이름도 붙어 있어 Chang-go-ra-ni와 연결시킬 수 있고 철원과 Hang-na-dou-ché-ra-noup도 조금 어색하기는 하지만 연결시킬 수 있다. 그러나 Phyöng-yang-hwa를 떠난 후 오른쪽으로 길을 잘못 든 후 북북서로 진행하여 한강의 지류로 생각되는 강을 만났다는 언급이 이러한 추정을 불가능하게 한다. 역자가 최종적으로 선택한 여정은 영평에서 철원 근처로, 다시 김화 근처까지 갔다가 평강 쪽으로 이동하여 분수령을 넘는 길이다. 그렇게 본다면 Wi-erh-mi와 Hang-na-dou-ché-ra-noup 근처의 여관은 무엇을 말하는가? 책 앞쪽에 첨부되어 있는 두 장의 지도는 이러한 혼란을 더욱 부채질한다. 두 장의 지도에 표시된 여행 경로가 서로 일치하지 않을 뿐만 아니라 책에 기술된 여정과도 잘 맞지 않아 보인다. 두 번째 지도에는 원산으로 이어지는 도로가 표시되어 있는데 소양강을 따라 금성을 거치나 회양은 지나지 않으며 금성의 위도가 회양보다 높게 나타나 있다. Phyöng-yang-hwa는 확실히 김화로 보이며 강원도계를 넘는 길은 왼쪽으로 많이 치우쳐서 과연 추가령 근처를 넘은 것인지 의심이 들 정도이다. 또 황초령 부근에서는 두 개의 하천이 산줄기를 사이에 두고 길게 이어져 덕실동에서 합류하는 것으로 되어 있으나 이는 실제의 지리에 합치되지 않는다.

북청에서 원산으로 내려오며 만났던 Bu-si-ka-chi와 Shika 같은 강은 동대천과 서대천이 확실하지만 유사한 발음의 명칭을 찾지 못한 데다 워낙 차이가 커서 발음되는 대로 옮겼다. 이러한 예와 같이 문헌으로 확인할 수 없는 고유명사의 경우 원문의 표기를 최대한 그대로 살려 옮겼다. 책에서 밝히고 있듯이 저자가 얻은 지리 정보가 정확하지 않을 수 있고 또 책의 뒷부분에 제시한 조선어의 표기법도 그다지 일관성이 없으므로, 책의 표기를 그대로 옮기는 것이 의미가 없을 수도 있다. 이 당시 조선에서 활동했던 외국인의 정체를 확인하는 과정에도 약간의 어려움이 있었다. 역자가 얻을 수 있는 정보로 확인되지 않는 이름이 있었기 때문이다. 인명이나 지명을 정확히 확인할 수 없는 경우 최대한 추정할 수 있는 정도까지는 역주를 통해 설명을 덧붙여 이해를 돕고자 했다. 그 외에 저자가 조선에 도착하기 전에 미리 습득한 정보 중에서 군대에 관한 설명이 당시의 현실과 얼마나 부합하는지 제대로 확인할 수 없었다. 그렇게 된 데에는, 앞의 미해결 문제들과 마찬가지로 역자가 무지한 탓이 크다.

전체적으로 어려운 내용을 담고 있지는 않기 때문에 뜻하지 않은 오역이 더러 있더라도 책을 중대하게 오해하는 일은 없으리라 본다. 오히려 위에서 언급했듯이 고유명사를 완벽하게 확인하지 못한 일이 더 큰 결점이 될 듯하다. 책이 중요한 내용을 담고 있다고 말할 수는 없어도 어느 정도 사료의 가치를 지니고 있기 때문이다. 끝으로 함경도 지방의 지리와 지명을 확인하는 데 실향민들이 펴낸 군지와 북한의 과학백과사전출판사와 남한의 평화문제연구소가 공동으로 펴낸 『조선향토대백과』가 큰 도움이 되었음을 밝힌다.

백두산으로 가는 길
영국군 장교의 백두산 등정기

| 펴낸날 | 초판 1쇄 2008년 3월 28일 |
| | 초판 2쇄 2009년 12월 18일 |

지은이	알프레드 에드워드 존 캐번디시
옮긴이	조행복
펴낸이	심만수
펴낸곳	(주)살림출판사
출판등록	1989년 11월 1일 제9-210호

경기도 파주시 교하읍 문발리 파주출판도시 522-1
전화 031)955-1350 팩스 031)955-1355
기획·편집 031)955-1364
http://www.sallimbooks.com
book@sallimbooks.com

ISBN 978-89-522-0759-3   04080
　　　978-89-522-0855-2   04080(세트)

※ 본 도서에 게재한 삽화 및 사진 자료는 '명지대-LG연암문고'의 도움을 받았습니다.
※ 값은 뒤표지에 있습니다.
※ 잘못 만들어진 책은 구입하신 서점에서 바꾸어 드립니다.

책임편집 **이기선**